MPR出版物链码使用说明

本书中凡文字下方带有链码图标"========"的地方，均可通过"泛媒关联"的"扫一扫"功能，扫描链码获得对应的多媒体内容。

您可以通过扫描下方的二维码下载"泛媒关联"APP

适情雅趣赏析 上册

SHIQING YAQU SHANGXI

象棋

启迪智慧 传承国粹

陈钢·编著

中山大学出版社
·广州·

版权所有　翻印必究

图书在版编目（CIP）数据

适情雅趣赏析（上册）/陈钢编著. —广州：中山大学出版社，2019.4
ISBN 978-7-306-06485-1

Ⅰ. ①适…　Ⅱ. ①陈…　Ⅲ. ①中国象棋—古谱（棋类运动）
Ⅳ. ①G891.2

中国版本图书馆 CIP 数据核字（2018）第 274510 号

出 版 人：	王天琪
策划编辑：	金继伟
责任编辑：	杨文泉
封面设计：	曾　斌　洪古章
责任校对：	林彩云
责任技编：	何雅涛
出版发行：	中山大学出版社
电　　话：	编辑部 020-84110771，84110283，84113349，84110779
	发行部 020-84111998，84111981，84111160
地　　址：	广州市新港西路 135 号
邮　　编：	510275　　传　真：020-84036565
网　　址：	http://www.zsup.com.cn　　E-mail:zdcbs@mail.sysu.edu.cn
印 刷 者：	佛山市浩文彩色印刷有限公司
规　　格：	787mm×1092mm　1/16　总印张：38.75　总字数：700 千字
版次印次：	2019 年 4 月第 1 版　2019 年 4 月第 1 次印刷
定　　价：	78.00 元（全两册）

如发现本书因印装质量影响阅读，请与出版社发行部联系调换

作为趣味的生活形式

——《适情雅趣赏析》序

老同窗陈钢编著的《适情雅趣赏析》即将付梓，嘱我为文。欣喜之余，颇有感喟。自古有道是琴棋书画、君子雅爱。有一次聊天，同窗羡慕我从事书画工作自有三昧。我一笑而答，按照古人"琴棋书画"的排序，棋之趣，似排在书画之前。

一个人的成就，常常取决于时间和精力的不同分配。记得30年前，跟同窗一起在中山大学读书的时候，康乐园里的紫荆、木棉、翠竹、杂卉，常常伴随着我们各自的侃侃而谈。同窗当时就对古今棋诀深有研究，似乎抬眼就是楚河汉界。隔河灿烂火荼分，局势方圆列阵云，一去无还惟卒伍，深藏不出是将军……在宿舍熄灯之后的卧谈交流，大家聊到兴致最酣的时候，同窗总是自然而然地谈到棋，当头炮、屏风马、过河小卒气死车。那些没有硝烟的千古迷局，总是伴随着高潮迭起的想象力，把我们的舍友带入云谲波诡的梦乡。

这些年，同窗于棋艺不断精进。不仅做到了中国象棋地方大师、广东省教育棋协副秘书长，而且教书育人、桃李芬芳，带出了一批又一批生猛的小将。2011年获得广东省第6届华南地区等级赛季军，2017年获得广东省象棋定级赛一级棋士组亚军。从2012年起，分别在广州大学和广州城市职业学院开设"中国象棋名局欣赏"选修课，学生最高评分为97.6617分。指导学生参加广东省大学生棋类联赛决赛，广州大学获得第6届和第8届中国象棋团体亚军，广州城市职业学院获得第5届中国象棋团体第7名、第8届中国象棋团体第6名。作为高校普及和推广中国象棋的教师，同窗时常把由象棋而生的幸福感跟我们分享。每闻喜报频传，我们虽是外行，也禁不住竞相点赞。

中国象棋古谱各有门类，于技术而言也是各有偏师。即便是我国现存象棋古谱最早、最系统、最具规模的棋书《适情雅趣》，在刊刻流布之后由于后人各种不同的解读方式，对其棋理、棋法的研究和运用，也是各有千秋。自其作者徐芝以下，迄今450年间，各家各说，琳琅满目。同窗采上海杨明忠藏的怀德堂木刻本为原谱，对全书的551局棋谱进行赏析。从"气吞关右"到"势不两立"，结合传统文化人文、人物的相关阐述，追求爽心怡神的雅趣。

古往今来的"雅",无外乎适之于耳目口鼻,游于艺,会于心。从古今棋局里阐述一番生活的道理,不通棋路者不行,不谙生活者也不行。疏放宽绰、大大咧咧不行,谨小慎微、亦步亦趋也不行。既有胸怀,又有学识;既有口才,又有眼界;既有学养,又有思考;既有理论,又有实践,可谓是集多重因素于一身,才得以从"技术控"而升级并体会到有趣味的真境界。每与同窗谈棋,他总是从"一举而定""二龙绕室""三军联位""四海一家""四七并列""五丁凿路""放弥六合""七雄争霸""鹤鸣九皋""百计无由""雪拥蓝关""震惊百里"等棋局中谈到文化的内涵与生活的感悟。每及此,作为老同学、老粉丝,我们也常常既听到棋理,更看到同窗的风雅人生。

据介绍,本书还有一个重要特点是运用数字出版技术,棋谱增加了动态棋局,手机扫描 ISLI(中国标准关联标识符),棋局自动在手机上显示,快捷、便利、直观。适用于象棋爱好者,可以有针对地练习拼杀,也可以优哉游哉地欣赏棋局的自然变化。在这个意义上,同窗在为读者带来象棋规则解析的同时,也给读者带来了诗和画的感受。把历史典故与象棋谋略熔为一炉,这也让我似乎回到了 30 年前在康乐园的历史系小楼,当年的青春,当年的情怀,当年的憧憬,当年的故事。

王嘉(广东美术馆研究馆员、教授、理论家)
2018 年 5 月 18 日于二沙岛

前　言

　　《适情雅趣》刊于明朝隆庆庚午年间（公元1570年），作者是金陵（现今南京）徐芝（字玉川）。全书共十卷，第一至六卷为残局，第七、八卷为着法，第九、十卷为全局，是我国现存象棋古谱最早、最系统、最具规模的棋书。它有多个版本，其中，上海杨明忠藏有怀德堂木刻本，第一至六卷的残局有图550局，着法551局。（其中第227局舍生取义无图，只有着法，程明松先生主编的《中国象棋谱大全》一书，将此局补全。）《适情雅趣赏析》以此版本为原谱，参见谢侠逊评校版和《中国象棋谱大全》，对《适情雅趣》残局进行赏析，由于市面上和网络上的《适情雅趣》单行本均为550局，为了便于与单行本棋局名和目次相统一，故将原第227局舍生取义放在最后，成为第551局。由此，《适情雅趣赏析》以第1局气吞关右开篇，以第551局舍生取义收笔，将中国传统文化与国粹象棋谋略熔为一炉，既可以欣赏传统文化的美与雅，又可以领悟运筹帷幄之中、决胜千里之外的豪情。淮阴遇汉，它是以地名指代人名，指淮阴侯韩信被刘邦拜为大将军；四七并列，凸显传统文化的含蓄，四七二十八，既指天上二十八星宿，又指东汉光武帝刘秀的云台二十八将；举鼎争功，仿佛看见楚武王举鼎绝膑而亡，楚霸王力拔山兮气盖世；夷齐扣马，彰显伯夷、叔齐的仁义与直谏。三仙炼丹，考验象棋棋手细微之处的真功夫。千古迷局车炮士胜车双象，经过魔叔杨官璘的演绎，2012年全国象甲联赛，吕钦下风顶和洪智，广东以2分优势继续领跑，演绎出当代版的死诸葛气走活仲达一幕。子胥过关、伍相奔吴、夜过昭关，三个棋局均表述了伍子胥夜过昭关，投奔吴国，一夜白头的家国情仇典故。此时，痛丧父兄的伍子胥终于得到了上天的眷顾，顺利脱险复仇。历史是厚重的，历史更是精彩的。所有的一切，尽在象棋文化的赏析之中。本书采用最先进的ISLI（中国标准关联标识符）技术，运用数字出版技术，棋谱增加了动态棋局，手机扫描ISLI，棋局自动在手机上显示，快捷、便利、直观。随时可查阅、练习巩固各类杀法、技战术组合，也适用一线棋手作为备战手册。数字出版技术让象棋国粹搭上了"高铁列车"。双蜓点水（一种双将战术），唐朝杜甫曾云：穿花蛱蝶深深见，点水蜻蜓款款飞。

　　笔者现任广州大学学报编辑部副编审，中国象棋地方大师，广东省教育棋协副秘书长。2011年获得广东省第6届华南地区等级赛季军，2017年获得广东省象棋定级赛一级棋士组亚军。从2012年起，分别在广州大学和广州城市职业学院开设"中国象棋名局欣赏"选修课，学生最高评分为97.6617分。指导学生参加广东省大学生棋类联赛决赛，广州大学获得第6届和第8届中国象棋团体亚军，广州城市职业学院获得第5届中国象棋团体第7名、第8届中国象棋团体第6名。作为高校普及和推广中国象棋的教师，最幸福莫过于两校的学生交相辉映、喜报频传。2018年2月，在"碧桂园杯"优秀象棋文化传承评选活动中，笔者荣获"优秀象棋教育工作者"称号，笔者所主编的《中国象棋名局欣赏》荣获优秀象棋教材等两个奖项。"碧桂园杯"全国象棋冠军邀请赛组委会给予笔者极高的评价——"诲人不倦，痴心棋事"。

琴棋书画是中国自古以来文人墨客所必修的技能，又称文人四友、雅人四好。六博棋是中国象棋的前身。要使古老的棋谱焕发出勃勃生机，必须注入文化元素，增加科技的含量。棋盘里，车无轮，马无缰，炮无烟火，卒无粮。会象棋，懂象棋，人生将更加美好。

目 录

（上册）

卷一

第 1 局　气吞关右 /3
第 2 局　马踶闵氏 /4
第 3 局　羝羊触藩 /6
第 4 局　良将安边 /7
第 5 局　淮阴遇汉 /8
第 6 局　蝇垂骥尾 /9
第 7 局　春雷惊蛰 /10
第 8 局　珠藏韫柜 /11
第 9 局　神龟出洛 /12
第 10 局　鸳鸯戏水 /14
第 11 局　群鼠争穴 /15
第 12 局　颠猿饮涧 /16
第 13 局　目视横流 /17
第 14 局　独鹿鸣泽 /18
第 15 局　妙振兵铃 /19
第 16 局　退思补过（甲）/20
第 17 局　退闲式步 /21
第 18 局　播弄造化 /22
第 19 局　遁世不见 /23
第 20 局　抑强扶弱 /24
第 21 局　尽善克终 /25
第 22 局　及第思乡 /26
第 23 局　沧海遗珠 /27
第 24 局　垂缰救主 /28
第 25 局　患在几席 /29
第 26 局　结草衔环 /30
第 27 局　藕断丝牵 /31
第 28 局　计罗并照（甲）/32
第 29 局　四面楚歌 /33
第 30 局　国庶兵强 /34
第 31 局　兵贵拙速 /35
第 32 局　士马如云 /36
第 33 局　计定千里 /37
第 34 局　忙里偷闲 /38
第 35 局　龙翻潭底 /39
第 36 局　鹤鸣九皋 /40

第37局	损人安己 /41		
第38局	百计无由 /42		
第39局	博望烧屯 /43	第54局	五虎靠山 /58
第40局	决策九重 /44	第55局	背水战胜 /59
第41局	镇压远庭 /45	第56局	百川归海 /60
第42局	参辰卯酉 /46	第57局	放弥六合 /61
第43局	精忠报国 /47	第58局	中外二圣 /62
第44局	近悦远来 /48	第59局	变现出没 /63
第45局	遇水叠桥（甲）/49	第60局	虎兕出匣 /64
第46局	远交近攻（甲）/50	第61局	群虎争餐 /65
第47局	守边告归 /51	第62局	控告无门 /66
第48局	卧薪尝胆 /52	第63局	头辆舆轮 /67
第49局	独步出营 /53	第64局	倒转干戈 /68
第50局	秦鹿方走 /54	第65局	推窗观月 /69
第51局	下车伏谒 /55	第66局	见危致命 /70
第52局	担雪填井 /56	第67局	兔罗鱼网 /71
第53局	开窗邀月 /57	第68局	鸿门碎斗 /72
		第69局	举趾触罝 /73
		第70局	鸢飞唳天 /74
		第71局	触目惊心 /75
		第72局	骏骑追风 /76
		第73局	鱼跃于渊 /78

目录

第74局　登高履险 /79
第75局　豪帅心服 /80
第76局　莺慵蝶懒 /81
第77局　双蝶翻风 /82
第78局　翻江搅海 /83
第79局　四七并列 /84
第80局　士卒星散 /85
第81局　寻踪觅迹 /86
第82局　祸不单行 /87
第83局　沉鱼落雁 /88
第84局　双蜓点水 /89
第85局　骥不称力 /90
第86局　运筹决胜 /91
第87局　开渠引水 /92
第88局　边卒成功 /93
第89局　七雄争霸 /94
第90局　骅骝争先 /95
第91局　六国抗秦 /96
第92局　五丁凿路 /97

第93局　鱼骇月钩 /101
第94局　负笈追师 /102
第95局　英雄贯斗 /103
第96局　勇退急流（甲）/104
第97局　敌居万人 /106
第98局　姜公钓渭 /107
第99局　偷营劫寨 /108
第100局　飞黄结路 /109
第101局　震惊百里 /110
第102局　金门待漏 /111
第103局　双鹭窥鱼 /112
第104局　径行自遂 /113
第105局　战如烈火 /114
第106局　兵马出塞 /115
第107局　丹山起凤（甲）/116
第108局　争舟走渡 /117

第109局　欲罢不能 /118
第110局　料事多中 /119
第111局　兴戎出好 /120
第112局　飞鲸吞钓 /121
第113局　威镇四海 /122
第114局　践履笃实 /123
第115局　耕莘待聘 /124
第116局　明皇游宫 /126
第117局　曲突徙薪（甲）/127
第118局　多士莫及 /128
第119局　力敌万人 /129
第120局　龟玉毁椟 /130
第121局　柳营射猎 /131
第122局　地富兵强 /132
第123局　逢山开路 /133
第124局　王俭坠车 /134
第125局　五虎下川 /135
第126局　叶落归秋 /136
第127局　雪夜访戴 /137
第128局　耿恭拜井 /138
第129局　凿壁偷光（甲）/139
第130局　鸦鹊争巢 /140
第131局　入幕之宾 /141
第132局　五霸争雄 /142
第133局　六国争雄 /143
第134局　沧海腾蛟 /144
第135局　竹马迎拜 /145
第136局　惊鸿整羽 /146
第137局　匹马平胡 /147
第138局　群雄割据 /148
第139局　并驾连驱 /149
第140局　引龙出水 /150
第141局　细柳屯兵 /151
第142局　七国连衡 /152
第143局　见害必避 /153
第144局　清门缵戎 /154
第145局　开门待战 /155

目录

第146局 远猎山林 /156

第147局 烧牛凿城 /157

第148局 拨乱反正 /158

第149局 腾蛟起凤 /159

第150局 吕帅鹰扬 /160

第151局 房马饮江 /161

第152局 江心下钓 /162

第153局 死敌为忠 /163

第154局 外攘四夷 /164

第155局 足蹑天窟 /165

第156局 三献刖足 /166

第157局 指鹿道马 /167

第158局 暴虎凭河 /168

第159局 前后绝伦 /169

第160局 倚闾望子 /170

第161局 远害全身 /171

第162局 朱云折槛 /172

第163局 选将练兵 /173

第164局 凿壁偷光（乙）/174

第165局 遇水叠桥（乙）/175

第166局 立倾敌国 /176

第167局 功成略地 /177

第168局 疾如激电 /178

第169局 阴陵失道 /179

第170局 面缚自首 /180

第171局 赢缩无常 /181

第172局 动行网罗 /182

第173局 水枯见鱼 /183

第174局 三气周瑜 /184

第175局 四面旋绕 /185

第176局 送往迎来（甲）/186

第177局 声势相倚 /187

第178局 黾勉同心 /188

第179局 边烽惊虏 /189

第180局 暮鸟投林 /190

第181局 海底诛龙 /191

第182局 投肉馁虎 /192

第183局　远遁边境 /193
第184局　蛇龙混海 /194
第185局　酸毒道路 /195
第186局　宿鸟惊弹 /196
第187局　萤惑退舍 /197
第188局　载沉载浮（甲）/198

卷三

第189局　闭门扫轨 /201
第190局　乘风吹火 /202
第191局　劳问将士 /203
第192局　两地关心 /204
第193局　同功并位 /205
第194局　步设陷阱 /206
第195局　盐车困骥 /207
第196局　雪拥蓝关 /208
第197局　投命仇门 /209
第198局　惊鸟藏枝 /210
第199局　雕鹰捉兔 /211
第200局　落花流水 /212
第201局　三请诸葛 /213
第202局　行监坐守 /214
第203局　远近惊骇 /215
第204局　雷震八荒 /216
第205局　四畏廉名 /217
第206局　孤星坠地 /218
第207局　菱叶穿萍 /219
第208局　用兵最精 /220
第209局　参参见佛 /221
第210局　士马如云 /222
第211局　晚鸟争枝 /223
第212局　雁惊云网 /224
第213局　投石入水 /225
第214局　阻住行程 /226
第215局　猛虎出林 /227
第216局　载沉载浮（乙）/228

目录

第217局　勇退急流（乙）/229
第218局　路隔星河/230
第219局　曲突徙薪（乙）/231
第220局　攀辕卧辙/232
第221局　野马舞风/233
第222局　鱼游浅濑/234
第223局　军中烈士/235
第224局　随形助胜/236
第225局　循序渐进/237
第226局　脱网逢钩（甲）/238
第227局　流星赶月/239
第228局　游鱼吞钩/240
第229局　猛虎入山/241
第230局　胡骑迫背/242
第231局　用舍相碍/243
第232局　望尘遮道/244
第233局　停车绊马/245
第234局　居中反祸/246
第235局　勒马停骖/247
第236局　怀春育孕/248
第237局　长鲸授首/249
第238局　子胥过关/250
第239局　弃短取长/251
第240局　凭马渡江/252
第241局　鱼游釜甑/253
第242局　明修栈道/254
第243局　祸生肘腋/255
第244局　苍舒称象/256
第245局　困魏掣燕/258
第246局　伏虎降龙/259
第247局　同心赞政/261
第248局　开拓心胸/262
第249局　雁阵排空/263
第250局　惊心破胆/264
第251局　诱虎吞钩/265
第252局　二龙绕室/266
第253局　毙马仆途/267

第254局　历诛四寇 /268
第255局　车行同轨 /270
第256局　挡住英雄 /271　　第271局　赤心报国 /286
第257局　独夫当关 /272　　第272局　舍命如归 /287
第258局　阴持两端 /273　　第273局　辎重塞途 /288
第259局　直造竹所 /274　　第274局　打草惊蛇 /289
第260局　金创满身 /275　　第275局　路车乘马 /290
第261局　不服自老 /276　　第276局　双骑追敌 /291
第262局　增补隘口 /277　　第277局　异地同心 /292
第263局　跃鲤吞饵 /278　　第278局　火炎昆冈 /293
第264局　巅峰得路 /279　　第279局　将机就机 /294
第265局　入穴取虎 /280　　第280局　诳楚救主 /295
第266局　脱网逢钩（乙）/281　　第281局　前后一辙 /296
第267局　直追到底 /282　　第282局　一举而定 /297
第268局　投躯帝庭 /283　　第283局　肉袒负荆 /298
第269局　杨香跨虎 /284　　第284局　一骑困魏 /299
第270局　吐胆倾心 /285　　第285局　野马诱虎 /300

第1局　气吞关右

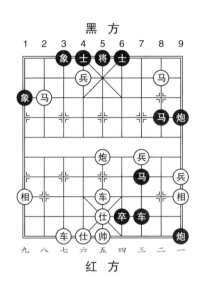

 **赏析**

关右是地名，古人以西为右，关右也称为关西。汉唐时泛指函谷关或潼关以西的地区。东汉王粲的《从军诗》：焉得久劳师，相公征关右。这里的关右指函谷关以西。唐朝温庭筠的《过五丈原》：天晴杀气屯关右，夜半妖星照渭滨。这里的关右指潼关以西。气吞是一口气吞下，形容气势很大。南宋辛弃疾的《永遇乐·京口北固亭怀古》：想当年，金戈铁马，气吞万里如虎。本局红方平炮九路，

以五路车将军，在连弃双车、六路兵之后，以马、炮联攻，取胜。

（一）

1. 炮五平九　马7进5
2. 兵六进一　将5平4
3. 车七进九　象1退3
4. 炮九进五　象3进5
5. 马八进七　将4进1
6. 马二进四　（红胜）

（二）

1. 炮五平九　马7进5
2. 兵六进一　将5进1
3. 车七进八　将5进1
4. 马二进四　将5平6
5. 马八进六　将6退1
6. 马六退五　将6进1
7. 车七平四　将6平5
8. 炮九平五　将5平4
9. 车四平六　（红胜）

（三）

1. 炮五平九　马7进5
2. 兵六进一　将5进1

3. 车七进八　将5进1
4. 马二进四　将5平6
5. 马八进六　将6退1
6. 马六退五　将6进1
7. 车七平四　将6平5
8. 车四平二　将5平4
9. 车二退一　马8退6
10. 车二平四　象3进5
11. 车四平五　（红胜）

（四）

1. 炮五平九　士6进5
2. 兵六进一　将5平4

3. 车七进九　象1退3
4. 炮九进五　象3进5
5. 马八进七　将4进1
6. 车五平六　士5进4
7. 车六进五　（红胜）

（五）

1. 炮五平九　士6进5
2. 兵六平五　士4进5
3. 车七进九　象1退3
4. 炮九进五　象3进5
5. 马八进七　士5退4
6. 车五进五　（红胜）

第2局　马蹀阏氏

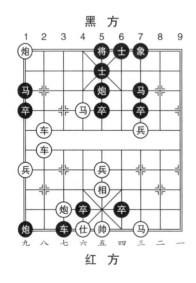

赏析

阏氏原为女性装扮用的胭脂古称，汉朝时，成为匈奴单于之正妻的称号，史书上常称阏氏为有阏氏，《匈奴列传》记载：单于有太子名冒顿，后有所爱阏氏，生少子，而单于欲废冒顿而立少子。马指战马，蹀指顿足、踏。南宋岳飞的《送紫岩张先生北伐》：马蹀阏氏血，旗枭可汗头。本局红方六子兵临城下，采用抽将选位、弃车入局，堵塞将路，马、炮联攻等多种战术组合，取胜。

（一）

1. 前车进四　士5退4
2. 前车退一　士4进5
3. 炮七进八　马1退2
4. 炮七退八　士5退4
5. 前车平五　士6进5
6. 马六进七　将5平6
7. 车八平四　炮5平6
8. 车四进三　士5进6
9. 炮七平四　士6退5
10. 马三进四　士5进6
11. 马四进二　士6退5
12. 马二进四　士5进6
13. 马四进五　士6退5
14. 马五进三　将6进1
15. 马三退五　将6退1
16. 马五退四　士5进6
17. 马四进三　士6退5
18. 马三进二　将6进1
19. 马二退四　将6进1
20. 兵三平四　（红胜）

（二）

1. 前车进四　士5退4
2. 前车退一　士4进5
3. 炮七进八　马1退2
4. 炮七退八　士5退4
5. 马六进七　将5进1
6. 马七退五　马2进4
7. 前车平六　将5平4
8. 车八进四　将4进1
9. 车八退一　将4退1
10. 马五退七　将4平5
11. 车八进一　（红胜）

（三）

1. 前车进四　士5退4
2. 前车退一　士4进5
3. 炮七进八　马1退2
4. 炮七退二　士5退4
5. 马六进七　将5进1
6. 马七退五　马2进4
7. 前车平六　将5平4
8. 车八进四　将4进1
9. 炮九退二（红胜）

第3局 羝羊触藩

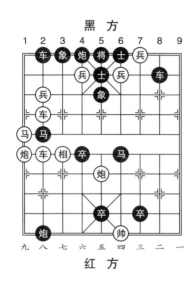

触藩，赢其角。不能退，不能遂。本局红方第4回合，平车六路献车，引离黑方负责防守的2路马，从而让红方九路马进七，参与进攻。第7回合，车八进四，再次弃车，又将黑方的2路车引入象眼位置，为红方九路炮进三绝杀做好了铺路搭桥。

1. 兵三平四　炮4平6
2. 兵六平五　将5平4
3. 兵五进一　将4进1
4. 前车平六　马2退4
5. 马九进七　将4进1
6. 兵八平七　将4退1
7. 车八进四　车2进1
8. 兵七平八　将4进1
9. 炮九进三　（红胜）

羝羊指公羊，触指抵撞，藩指篱笆。公羊的角缠在篱笆上进退不得，形容进退两难。《周易·大壮》：羝羊

第4局 良将安边

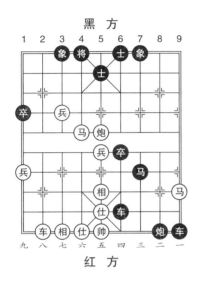

良将是指能征善战的将领。《孙子兵法·火攻篇》：故明主慎之，良将警之，此安国全军之道也。安边指安定边境。《汉书·赵充国传》：选择良吏知其俗者捬循和辑，此全师保胜安边之册。本局红方先通过一系列的将军，运马吃黑方负责防守的7路底象，第10回合，炮五平一，通过打黑方的9路车，赢得一步棋，从而成功地将死黑方。

1. 马六进七　将4进1
2. 车八进八　将4进1
3. 兵七平六　将4平5
4. 马七退五　将5平6
5. 马五退三　将6退1
6. 马三进二　将6进1
7. 马二进三　将6退1
8. 马三退二　将6进1
9. 车八退一　象3进5
10. 炮五平一　车9退2
11. 马二退三　将6退1
12. 车八平五　马7进8
13. 车五平四　士5进6
14. 马三进五　将6平5
15. 炮一平五　（红胜）

第 5 局　淮阴遇汉

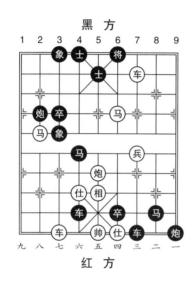

 赏析

淮阴，地名，现今江苏省淮安市，位于江苏省中北部，江淮平原东部。西汉大军事家韩信祖籍淮阴，曾被封为淮阴侯。这里的淮阴代指韩信。遇，相逢、会面、碰到。汉，西汉。秦末，楚汉相争，萧何月下追韩信，刘邦拜韩信为大将军，韩信率军暗度陈仓，破三秦，攻伐天下。本局黑方兵临城下，红方岌岌可危，而左路的车、马被黑方炮、卒、象所困，不能驰援主战场，右路的车、马孤军无力。红方通过右路的车、马配合，将黑将逼出老巢，第 8 回合，车三平五，弃车砍象，将黑方 3 路象引离，红方三路马乘机投入战斗，通过借炮使马，吃黑方 3 路卒，而后，红方七路车也加入战斗，最终运用拔簧马杀法，取胜。

1. 车三进一　将6进1
2. 马四进二　将6进1
3. 车三退二　将6退1
4. 车三进一　将6进1
5. 马二退三　将6平5
6. 马三进五　将5平4
7. 车三退一　象3进5
8. 车三平五　象3退5
9. 炮五平六　马4退2
10. 马五退六　马2退4
11. 马六进七　马4进3
12. 炮六退二　马3退4
13. 马七进八　将4退1
14. 车七进八　将4进1
15. 车七平五　（红胜）

第6局 蝇垂骥尾

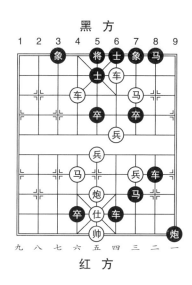

赏析

蝇，苍蝇。垂，东西一头挂下。骥，好马，能日行千里的良马。尾，马尾上的毛。蝇垂骥尾，苍蝇垂挂在千里马的尾巴上，也能达到千里马的速度。《论语》：蝇垂骥尾而致千里。本局红方勇弃双车，将前马运到卧槽马的位置，控制黑将坐中，再平炮四路，运后马助攻，通过借炮使马，不断消灭对方的防守力量，而后，将后马运到六路八角马的位置，控制黑将的活动，将前马置换出来，通过双将，绝杀取胜。

1. 炮五进四　士5进6
2. 车六平五　将5平4
3. 车四平六　将4进1
4. 马三进四　将4退1
5. 车五平六　将4平5
6. 马四退五　士6退5
7. 马五进三　将5平6
8. 车六平四　士5进6
9. 炮五平四　士6退5
10. 炮四退五　士5进6
11. 兵四平五　士6退5
12. 马六进四　士5进6
13. 马四进三　士6退5
14. 后马退四　士5进6
15. 马四进二　士6退5
16. 马二进四　士5进6
17. 马四进六　士6退5
18. 马三退四　士5进6
19. 马四进二　士6退5
20. 马二进四　士5进6
21. 马四进二　士6退5
22. 马二退三　（红胜）

注：原图黑方7·4位漏卒，现补上以符合原谱。

第7局　春雷惊蛰

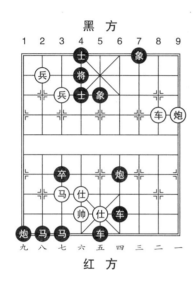

春雷，春天打的雷。唐朝元稹的《芳树》：春雷一声发，惊燕亦惊蛇。惊蛰，古称启蛰，是二十四节气中的第三个节气，标志着仲春时节的开始。此前，动物入冬藏伏土中，不饮不食，称为蛰，到了惊蛰节，天上的春雷惊醒了蛰居的动物，称为惊。本局第1回合，红方车二进二，将军，通过腾挪的战术，为一路边炮让开卒林线，接着，弃车杀炮，引离黑方6路车。第6回合，仕五退六，利用抽将，调整双仕的位置，活通马路。第9回合，马七进五，七路马奔出参战，借炮使马，顺利吃黑方负责防守的4路士。而后，在双兵的配合下，绝杀取胜。

1. 车二进二　炮6退5
2. 车二平四　车6退7
3. 兵八平七　将4平5
4. 炮一平五　象5进3
5. 炮五退六　象3退5
6. 仕五退六　象5进3
7. 仕六退五　象3退5
8. 仕五进四　象5进3
9. 马七进五　象3退5
10. 马五进七　象5进3
11. 马七进五　象3退5
12. 马五进六　象5进3
13. 马六退五　象3退5
14. 马五进三　象5进3
15. 前兵平六　将5退1
16. 兵六进一　将5进1
17. 马三进五　将5进1
18. 仕六进五　将5平6
19. 炮五平四　将6平5
20. 兵七平六　将5退1
21. 炮四平五　象3退5
22. 后兵平五　（红胜）

第8局 珠藏韫柜

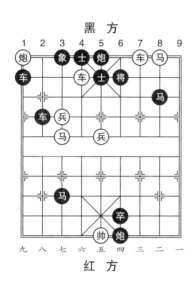

赏析

珠，珍珠。藏，收存起来。韫，形声字，从韦从昷，昷是热、暖的意思，韦是指复合皮革、多层皮革，韦与昷联合起来，表示皮革保温袋。柜，一种收藏东西用的家具，通常是长方形，有盖或有门。《论语·子罕》：有美玉于斯，韫柜而藏诸？后来形容怀才待时。本局红方的双车、中路兵都是收藏珍珠的韫柜，看似无用的七路马和七路兵，才是韫柜中璀璨的珍珠。红方在一连串的弃子后，最终七路兵在七路马的掩护下，绝杀取胜。

（一）

1. 车三平五　　将6进1
2. 车五平四　　士5退6
3. 车六退一　　象3进5
4. 车六平五　　将6平5
5. 兵五进一　　将5退1
6. 兵五进一　　将5平4
7. 兵五平六　　将4进1
8. 兵七进一　　将4退1
9. 兵七平六　　（红胜）

（二）

1. 车三平五　　马8退7
2. 马七进五　　将6进1
3. 马五退三　　将6退1
4. 马三进二　　将6进1
5. 后马进三　　将6退1
6. 马三退二　　将6进1
7. 后马退三　　将6平5
8. 兵五进一　　（红胜）

（三）

1. 车三平五　　马8退7

2. 马七进五　将6进1	2. 马七进五　将6进1
3. 马五退三　将6退1	3. 马五退三　将6退1
4. 马三进二　将6进1	4. 马三进二　将6进1
5. 后马进三　将6退1	5. 车五平四　士5退6
6. 马三退五　将6进1	6. 后马进三　将6平5
7. 马五退六　（红胜）	7. 兵五进一　（红胜）

（四）

1. 车三平五　马8退7

第9局　神龟出洛

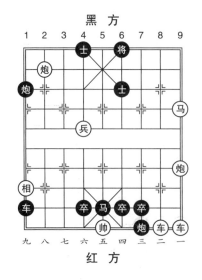

龟出于洛水，其甲壳上有图像，名曰龟书，又称洛书。洛书是阴阳五行术数的起源之一，与河图并称。《周易·系辞上》：河出图，洛出书，圣人则之。本局黑方大军压境，红方岌岌可危，红方弃马，以车、炮、兵取胜。黑方的第3回合，有4种变化，其中，变化（二），红方一路底线车充当神龟的角色，第7回合，车一进九，绝杀取胜，仿若神龟出洛。

 赏析

洛，洛水，黄河下游南岸大支流，位于河南省西部。传说上古时，有神

（一）

1. 马一进二　将6平5
2. 马二退四　将5进1
3. 马四退六　将5平6
4. 车二进八　将6退1
5. 车二进一　将6进1

6. 马六进七　士4进5
7. 马七退五　士5进4
8. 车二平四　将6平5
9. 炮一平五　将5进1
10. 兵六平五　（红胜）

（二）

1. <u>马一进二</u>　将6平5
2. 马二退四　将5进1
3. 马四退六　炮1平4
4. 车二进八　将5退1
5. 马六进四　将5平6
6. 炮一平四　马5退6
7. 车一进九　（红胜）

（三）

1. <u>马一进二</u>　将6平5
2. 马二退四　将5进1

3. 马四退六　将5平4
4. 马六进七　将4进1
5. 兵六进一　（红胜）

（四）

1. <u>马一进二</u>　将6平5
2. 马二退四　将5进1
3. 马四退六　将5进1
4. 马六退四　将5进1
5. 车二进八　将5退1
6. 车二进一　将5进1
7. 马四进六　将5平6
8. 马六进七　士4进5
9. 马七退五　士5进4
10. 车二平四　将6平5
11. 炮一平五　将5进1
12. 兵六平五　（红胜）

第 10 局　鸳鸯戏水

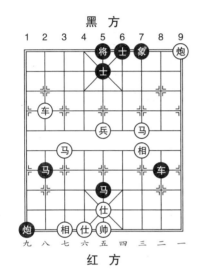

沼之上，雌雄常在一起，民间传说和文学上用来比喻夫妻，是夫妻和睦相处、相亲相爱的美好象征。戏水，在水面上游戏玩耍。唐朝卢照邻的《长安古意》：愿作鸳鸯不羡仙。本局红方连弃马、兵，八步连杀，最终以车、马取胜。

1. 车八进三　士5退4
2. 马三进四　将5进1
3. 车八退一　将5进1
4. 兵五进一　将5平6
5. 兵五平四　将6平5
6. 兵四进一　将5平6
7. 马七进六　将6平5
8. 车八退一　（红胜）

赏析

鸳鸯，水鸟，比鸭小，栖息于池

第 11 局　群鼠争穴

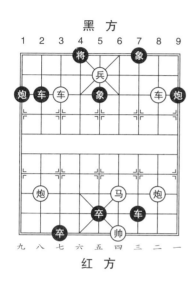

黑方

红方

和马构成巧杀。黑方的双车、双象自相堵塞，仿若群鼠争穴。

（一）

1. 车七进二　　象5退3
2. 车二平六　　炮1平4
3. 炮二进七　　象7进5
4. 炮八平六　　炮4平3
5. 马四进六　　炮3平4
6. 马六进五　　炮4平3
7. 马五进六　　（红胜）

（二）

1. 车七进二　　象5退3
2. 车二平六　　车2平4
3. 炮八进七　　象3进5
4. 炮二进七　　（红胜）

赏析

群，相聚成伙的，聚集在一起的。鼠，老鼠。争穴，争夺洞穴。比喻一群坏人聚在一起互相争斗。本局红方通过运用弃双车的腾挪战术，以双炮

第 12 局　颠猿饮涧

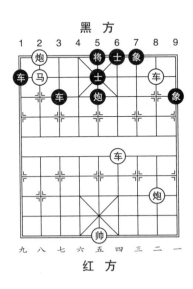

赏析

颠猿，猿猴行动敏捷如癫狂。饮涧，原指在溪涧中饮水，引申为在山谷中的生活。本局红方弃车杀士，再借助马后炮的威力，平车照将，从而让开二路线，以沉底炮绝杀。

（一）

1. 车四进五　将 5 平 6
2. 马八进六　车 3 退 2
3. 车二平四　将 6 平 5
4. 炮二进七　士 5 退 6
5. 车四进一　将 5 进 1
6. 车四退一　（红胜）

（二）

1. 车四进五　士 5 退 6
2. 马八进六　车 3 退 2
3. 车二平九　车 3 平 2
4. 炮二平五　士 6 进 5
5. 车九平五　将 5 平 6
6. 车五平四　（红胜）

（三）

1. 车四进五　士 5 退 6
2. 马八进六　车 3 退 2
3. 车二平九　车 3 平 2
4. 炮二平五　炮 5 平 4
5. 马六退五　士 6 进 5
6. 车九平五　将 5 平 4
7. 车五进一　将 4 进 1
8. 车五平八　象 7 进 5
9. 车八退一　将 4 退 1
10. 车八退一　（红胜）

（四）

1. 马八进六　车 3 退 2

2. 车二平五　将5进1
3. 车四进四　将5退1
4. 车四进一　将5进1
5. 车四退一　将5退1
6. 炮二进七　（红胜）

注：变化（一）为原谱，红胜。变化（二）～（三）为黑方选择不同的应对，红胜。变化（四）为第1回合，红方选择最佳的变化，马八进六，红胜。

第13局　目视横流

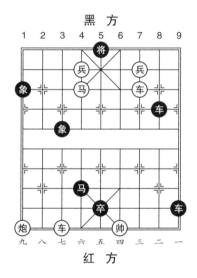

目视，以目示意。横流，原指水流泛滥，现比喻动乱、灾祸，局势动荡。本局红方先弃车，撕开了黑方看似坚固的防线，进而利用挂角马，兵六平五，弃兵绝杀取胜。

（一）

1. 车三平五　象3退5
2. 车七进九　象1退3
3. 炮九进九　象3进1
4. 兵六平七　将5进1
5. 兵三平四　（红胜）

（二）

1. 车三平五　象3退5
2. 兵六平五　将5进1
3. 车七进八　（红胜）

（三）

1. 车三平五　象3退5
2. 兵六平五　将5平4
3. 马六进八　（红胜）

注：变化（一）为原谱。变化（二）～（三）可将五步连杀精简至三步连杀。

第14局　独鹿鸣泽

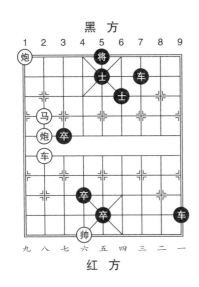

赏析

独鹿，山名，也称为涿鹿，在河北省涿鹿县西，古代东北夷所居之地。鸣泽，古泽薮名，现今河北省涿州市西。《汉书·武帝纪》：……历独鹿，鸣泽，自代而还，幸河东。本局以地名命名棋局，红方的八路马挂角弃马，从而让开八路进攻线，红车和双炮组合，发起进攻，最终以重炮杀取胜。

（一）

1. 马八进六　士5进4
2. 炮八进四　将5进1
3. 车八进四　将5进1
4. 炮九退二　士4退5
5. 车八退一　士5进4
6. 车八退一　将5退1
7. 车八进二　将5退1
8. 炮九进二　（红胜）

（二）

1. 马八进六　将5平4
2. 马六进七　将4进1
3. 车八平六　士5进4
4. 车六进三　（红胜）

第 15 局　妙振兵铃

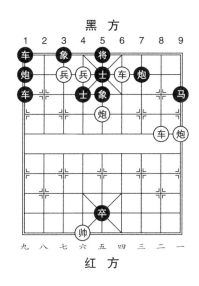

（兵铃），一触即响，以防敌军侦查及偷袭。本局红方先弃二路车，活通炮路，二弃六路兵，引出黑将，三弃四路车，引离黑花心士，四弃七路兵，引黑将至绝地，五以重炮绝杀取胜。环环相扣，干净利落。

1. 车二进四　马9退8
2. 兵六进一　将5平4
3. 车四进一　士5退6
4. 兵七平六　将4进1
5. 炮一平六　士4退5
6. 炮五平六　（红胜）

古代行军，驻地围栅系有铃铛

第16局　退思补过（甲）

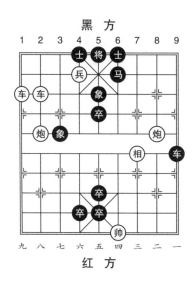

 赏析

退思补过，事后省察自己的言行，有没有错误必须补正的地方。本局红方第 1 回合，车八平五，弃车腾挪，活通双炮线路，以利攻杀。第 4 回合，炮二平九，伏重炮杀。最终以重炮杀取胜。

（一）

1. 车八平五　象3退5
2. 炮八进四　士4进5
3. 炮八退九　车9平8
4. 炮二平九　卒4进1
5. 车九进二　士5退4
6. 车九平六　马6退4
7. 炮八进九　马4进2
8. 炮九进四　（红胜）

（二）

1. 车八平五　象3退5
2. 炮八进四　士4进5
3. 炮八退九　车9平7
4. 炮二进四　车7退5
5. 车九进二　士5退4
6. 炮八进九　士4进5
7. 炮八退一　士5退4
8. 炮八平七　车7平8
9. 车九平六　马6退4
10. 炮七进一　（红胜）

第17局 退闲式步

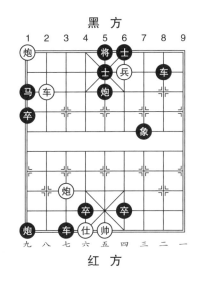

轼,是车前的横木,古人站立乘车,低头抚式,以示敬意。式步,以车代步。本局红方车八进二将军,再弃四路兵,破坏黑方的防线,进而退车底线,参与防守,置换出七路炮,参与进攻,最终以炮闷宫杀取胜。

1. 车八进二　士5退4
2. 兵四平五　士6进5
3. 车八退九　马1退2
4. 炮七进七　车3退9
5. 炮九平七　（红胜）

赏析

退闲,退职闲居,享清闲。式通

第18局　播弄造化

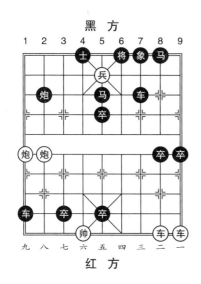

离黑方2路负责防守的炮，红方底线重炮将军，再车一进八，绝杀取胜。

1. 车二平四　车7平6
2. 炮八平四　车6平7
3. 炮四平三　车7平6
4. 炮九平四　车6平7
5. 炮四平二　车7平6
6. 炮三平四　车6平7
7. 炮四平一　车7平6
8. 炮二平四　车6平7
9. 炮四平八　车7平6
10. 炮一平四　车6平7
11. 炮四平七　车7平6
12. 车四进七　炮2平6
13. 炮八进五　士4进5
14. 炮七进五　将6进1
15. 车一进八　（红胜）

　赏析

播弄，摆布，支配。造化，指福分，幸运。本局红方借车使炮，消灭黑方河界上的双卒，为一路底车扫清了进攻线路，进而弃四路车将军，引

第19局　遁世不见

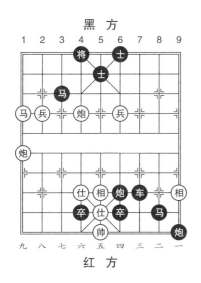

 赏析

遁世，独自隐居，避开俗世。不见，不宜看到。《礼记·中庸》：君子依乎中庸，遁世不见知而不悔，唯圣者能之。本局红方连弃马、炮，将黑将引入山顶，红六路炮借将军之机，回吃黑方4、6路卒，既解了燃眉之急，又在红兵的配合下，绝杀取胜。

1. 马九进八　　将4进1
2. 炮九进四　　马3退1
3. 马八退六　　将4进1
4. 炮六退五　　将4平5
5. 兵四平五　　将5平6
6. 炮六平四　　炮6平4
7. 仕五进四　　（红胜）

注：原图红方无八·七兵，黑方无3·8车，则红方第1回合，马九进七，将4平5，炮九平五，士5进4，炮六平五，红方速胜。《中国象棋谱大全》增补黑方3·8车，谢侠逊评校版则有红方八·七兵，本局采用谢侠逊评校版的图。

第 20 局　抑强扶弱

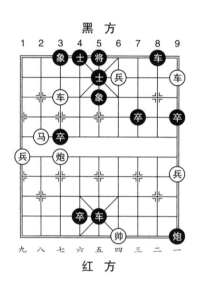

（一）

1. 车一进一　车 8 平 9
2. 车七平五　卒 3 进 1
3. 马八进六　车 5 平 6
4. 帅四进一　炮 9 平 3
5. 车五平七　士 5 进 4
6. 车七平六　车 9 平 8
7. 车六平二　车 8 平 7
8. 车二平四　士 4 进 5
9. 兵四平五　将 5 平 4
10. 车四平六　（红胜）

（二）

1. 车一进一　车 8 平 9
2. 车七平五　象 3 进 5
3. 马八进九　车 5 平 6
4. 帅四进一　卒 4 平 5
5. 帅四平五　炮 9 平 4
6. 帅五平六　卒 3 进 1
7. 马九进七　（红胜）

赏析

抑强扶弱，压制强暴，扶助弱小。《汉书·刑罚志》：而政在抑强扶弱。本局红方强者是车，弱者是兵，然而四路红兵的位置极佳，封住了黑方将门。红方第 1 回合，车一进一，通过献车，将黑方 8 路车引入死角。第 7 回合，车六平二，再次献车，伏着进兵绝杀，黑方进退两难，无论是否吃红车，都摆脱不了失败。红车扶助弱小的红兵，取胜。

第 21 局　尽善克终

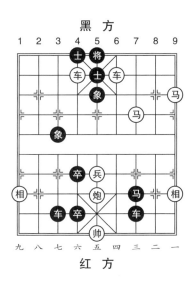

赏析

尽善，十分完美。克终，善终。本局红方第 1 回合，车四进一，弃车，将黑将引入红方双马的伏击圈。第 6 回合，车六进一，再次弃车，将黑将引离底线。第 10 回合，炮五进六，打士，既固守中路，又暗伏闪将的杀着。最终红方以双马、炮联攻，取胜。

（一）

1. 车四进一　将 5 平 6

2. 马三进二　将 6 平 5
3. 马一进三　将 5 平 6
4. 马三退五　将 6 平 5
5. 马五进三　将 5 平 6
6. 车六进一　将 6 进 1
7. 马二退三　将 6 进 1
8. 车六平四　士 5 退 6
9. 前马进五　士 6 进 5
10. 炮五进六　前卒进 1
11. 帅五平六　车 3 平 4
12. 帅六平五　车 4 进 1
13. 帅五平六　车 7 平 4
14. 帅六进一　马 7 退 5
15. 帅六平五　马 5 进 7
16. 帅五退一　马 7 退 6
17. 炮五平四　（红胜）

（二）

1. 车四进一　将 5 平 6
2. 马三进二　将 6 平 5
3. 马一进三　将 5 平 6
4. 马三退五　将 6 平 5
5. 马五进三　将 5 平 6
6. 车六进一　士 5 退 4
7. 马三退四　将 6 进 1
8. 马四进二　（红胜）

第 22 局　及第思乡

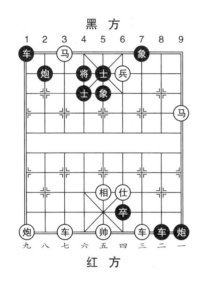

 赏析

　　及第，科举考试应试中选，因榜上题名有甲乙次第，故名及第。特指考中进士，明清两代只用于殿试前三名：状元、榜眼、探花。思乡，在外地，对自己家乡，以及亲人的思念之情。本局红方通过弃车砍士，四路兵在七路马的掩护下，吃中士，立花心，控制住黑将，而后借炮使马，先吃黑方负责防守的中象，红马再回援本方底线，参与防守，置换出三路红车，车三进九，绝杀取胜。

1. 车七进八　将4退1
2. 炮九平六　将4平5
3. 车七平五　士4退5
4. 兵四平五　将5平4
5. 马七退六　炮2平4
6. 马六退八　炮4平2
7. 马八退六　炮2平4
8. 马六进五　炮4平2
9. 马五退六　炮2平4
10. 马六退七　炮4平2
11. 马七退六　炮2平4
12. 马六退四　炮4平2
13. 车三进九　（红胜）

第 23 局　沧海遗珠

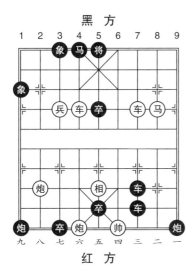

 赏析

沧海遗珠，大海里的珍珠被采珠人所遗漏，指埋没人才或被埋没的人才。《新唐书·狄仁杰传》：仲尼称观过知仁，君可谓沧海遗珠矣。本局红方先弃右车，让开二路马的进攻路线，第4回合，再弃左车，最终以马、炮绝杀取胜。

（一）

1. 车三进三　后车退7
2. 马二进四　将5进1
3. 车六进二　将5进1
4. 车六平五　将5退1
5. 马四退六　将5进1
6. 马六进七　将5退1
7. 炮八进六　（红胜）

（二）

1. 车三进三　后车退7
2. 马二进四　将5平6
3. 车六进三　将6进1
4. 车六退一　将6退1
5. 炮八进七　（红胜）

（三）

1. 车三进三　将5进1
2. 车六进二　将5平4
3. 马二进四　将4平5
4. 马四退六　将5进1
5. 车三平五　（红胜）

第24局 垂缰救主

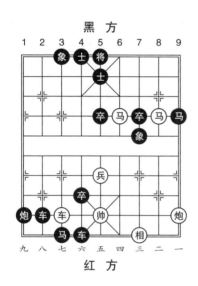

赏析

垂缰救主,又名垂缰之义,南北朝时期,前秦皇帝苻坚在一次战役中,不幸战败,落荒而逃。不料失足掉进山洞里,爬不上来,他的坐骑突然跪下,将缰绳垂下,苻坚抓住缰绳爬上了,才逃脱大难。后来常用马有垂缰之义,狗有湿草之恩的说法,寓意牲畜尚且懂得知恩图报。本局红方马二进三,奔卧槽,将黑将逼到6路线。而后,炮一平四将军,再运四路马,通过借炮使马,消灭黑方两个卒,跳

到八角马的位置,控制黑将的活动,置换出三路卧槽马,再次借炮使马,先吃黑方负责防守的底士,再回援本方,置换出原本负责防守的七路车,最终车七进八,绝杀取胜。25步连杀,精彩纷呈。

1. 马二进三　将5平6
2. 炮一平四　士5进6
3. 马四退三　士6退5
4. 后马退四　士5进6
5. 马四进二　士6退5
6. 马二进四　士5进6
7. 马四进五　士6退5
8. 马五退四　士5进6
9. 马四进六　士6退5
10. 马六进四　士5进6
11. 马四进六　士6退5
12. 马三退四　士5进6
13. 马四退六　士6退5
14. 后马退四　士5进6
15. 马四进三　士6退5
16. 马三进四　士5进6
17. 马四进六　士6退5
18. 前马退四　士5进6
19. 马四退二　士6退5
20. 马二退四　士5进6

21. 马四退三　士 6 退 5
22. 马三退四　士 5 进 6
23. 马四退六　士 6 退 5
24. 车七进八　士 5 退 4
25. 车七平六　（红胜）

第 25 局　患在几席

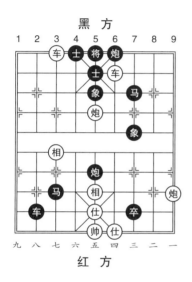

  赏析

患，祸患，祸害。几席，指古人凭倚、坐卧的器具。本局红方先弃车，吸引黑马归心，从而堵塞黑将活动通道。而后，炮打底士，最终解杀还杀，取胜。

（一）

1. 车四平五　马 7 退 5

2. 炮一进七　炮 6 进 6
3. 炮一平六　车 2 进 1
4. 炮六退九　（红胜）

（二）

1. 车四平五　马 7 退 5
2. 炮一进七　炮 6 进 4
3. 炮一平六　炮 5 平 3
4. 相七退九　炮 6 平 3
5. 车七平九　前炮平 2
6. 车九平七　炮 2 平 3
7. 车七平九　后炮平 2
8. 车九平七　炮 2 平 3
9. 车七平九　（和局）

注：变化（一）为原谱，红胜，有误，参见变化（二）。变化（二）为第 2 回合，黑方选择最佳的防守，炮 6 进 4，和局。

第26局 结草衔环

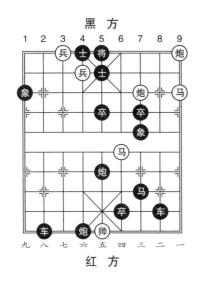

结草衔环，是古代报恩的传说。结草，讲述一个士大夫将其父亲的爱妾另行嫁人，不使殉葬，爱妾已死的父亲为替女儿报恩，将地上野草缠成乱结，绊倒恩人的敌手，使恩人取胜。

衔环，讲述一个儿童挽救了一只受困的黄雀性命，黄雀衔来白环四枚，声言此环可保恩人世代子孙洁白，身居高位。结草衔环也就成了受人恩惠，定当厚报，生死不渝的意思。本局红方先弃双兵，第9回合，马二退四，双马连环，构成两个炮架，最终以马后炮绝杀取胜。

1. 马一进二　士5退6
2. 炮三进二　士6进5
3. 炮三退四　士5退6
4. 马二退三　士6进5
5. 兵六进一　士5退4
6. 兵七平六　将5平4
7. 马三进二　将4进1
8. 马四进五　将4进1
9. 马二退四　将4平5
10. 炮三平五　将5平6
11. 炮一平四　（红胜）

第27局　藕断丝牵

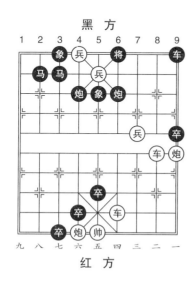

折断，可还有许多丝连着未断开。比喻表面断了关系，实际上仍有牵连，三情中，多指男女之间情思难断。唐朝孟郊的《去妇》：妾心藕中丝，虽断犹牵连。本局红方弃双车，双炮入士角取胜。

1. 车二进五　车9平8
2. 炮一平四　炮6平7
3. 炮四平六　炮7平6
4. 车四进六　炮4平6
5. 兵六平五　马3退5
6. 前炮进五　马2退4
7. 炮六进九　（红胜）

藕断丝牵，又名藕断丝连。藕已

第28局　计罗并照（甲）

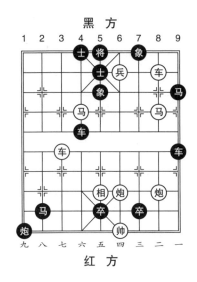

罗并照，计谋于罗网并施的意思。本局红方通过弃兵，再弃双车，运用腾挪、引离等战术组合，最终以马、炮双将，纵横两个方向同时照将，杀法精妙，令人拍案叫绝。

1. <u>兵四进一　将5平6</u>
2. 车二平四　将6平5
3. 车四进一　将5平6
4. 车七平四　将6平5
5. 马二进三　马9退7
6. 炮二进七　象7进9
7. 车四进五　将5平6
8. 马六进四　车4平6
9. 马四进三　（红胜）

**赏析**

照，依照，按照，照章办事。计

第 29 局　四面楚歌

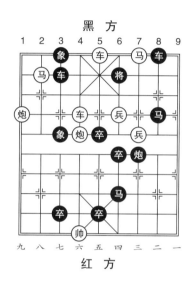

赏析

四面楚歌，形容遭受各方面的攻击或逼迫的人事环境，而陷于孤立窘迫的境地。《史记·项羽本纪》：项王军壁垓下，兵少食尽，汉兵及诸侯兵围之数重，项王乃大惊，曰："汉皆已得楚乎？是何楚人之多也。"本局红方弃尽车、马，运用腾挪的战术组合，最终以炮、兵取胜。

（一）

1. 车六进二　车3平4
2. 兵四进一　马8退6
3. 马八退六　象3退5
4. 炮九平四　后马进8
5. 车五退一　车4平5
6. 马三退四　将6进1
7. 马六退五　将6退1
8. 马五进四　将6进1
9. 炮六平四　马8进6
10. 炮四退二　后马退7
11. 兵三平四　（红胜）

（二）

1. 车六进二　车3平4
2. 兵四进一　马8退6
3. 马八退六　车4进1
4. 炮九平四　后马进8
5. 车五退一　将6退1
6. 马三退四　（红胜）

第30局　国庶兵强

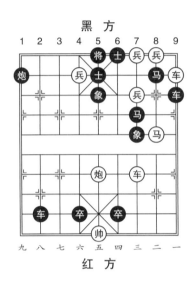

赏析

国庶兵强，又名国富兵强。指国家富庶，军队强盛。庶是众多，富庶的意思。本局红方连弃双车、炮、兵，最终以双兵取胜。

（一）

1. 前兵平四　将5平6
2. 车三平四　士5进6
3. 车四进四　马8进6
4. 车一平四　将6进1
5. 兵六平五　将6退1
6. 炮五平四　马6进5
7. 兵二平三　象5退7
8. 兵三平四　马5进6
9. 兵四进一　马7退6
10. 兵五进一　（红胜）

（二）

1. 前兵平四　将5平6
2. 车三平四　士5进6
3. 车四进四　马8进6
4. 车一平四　将6进1
5. 兵六平五　将6退1
6. 炮五平四　马6进5
7. 兵三平四　马5进6
8. 兵四进一　马7退6
9. 兵二平三　（红胜）

第31局　兵贵拙速

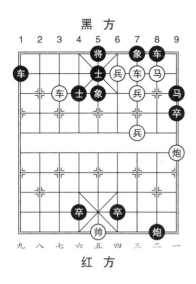

赏析

拙，笨拙，不灵巧。拙速，兵宁拙于机智而贵在神速。明朝李贽的《孙子参同》(《孙子兵法》注)：宁速毋久，宁拙毋巧；但能速胜，虽拙可也。本局红方弃双车，运用引入、引离等战术组合，最终以炮、兵取胜。

（一）

1. 兵四进一　将5平6
2. 车七进二　象5退3
3. 车三平四　将6进1
4. 前兵平四　士5进6
5. 炮一平四　士6退5
6. 马二退四　将6进1
7. 兵三平四　（红胜）

（二）

1. 兵四进一　将5平6
2. 车七进二　象5退3
3. 车三进一　将6进1
4. 前兵平四　士5进6
5. 炮一平四　士6退5
6. 马二退四　将6进1
7. 兵三平四　（红胜）

第32局　士马如云

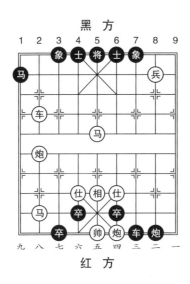

赏析

士马，兵马，引申为军队的意思。如云，形容盛多。本局红方第6回合，马六进四，以八角马控制黑将。第7回合，车五平六，通过弃车，换得炮架。炮回打肋卒后，借炮使马，最终马七进八，绝杀取胜。

（一）

1. 马五进四　将5进1
2. 车八进二　将5进1
3. 车八退一　将5退1
4. 马四退六　将5退1
5. 车八平五　士4进5
6. 马六进四　将5平4
7. 车五平六　士5进4
8. 炮八平六　士4退5
9. 炮六退三　士5进4
10. 仕六退五　士4退5
11. 马八进六　士5进4
12. 马六进八　士4退5
13. 马八进六　士5进4
14. 马六进七　士4退5
15. 马七进八　（红胜）

（二）

1. 马五进四　将5进1
2. 车八进二　将5进1
3. 车八退一　将5退1
4. 马四退六　将5退1
5. 车八平五　士6进5
6. 马六进四　将5平6
7. 炮八平四　（红胜）

第33局　计定千里

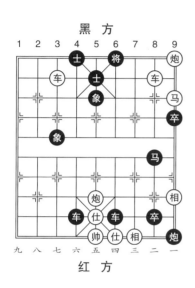

赏析

计，主意，策略，这里专指计略、谋略。千里，路途遥远或面积广阔。本局红方第2回合，炮五进六，中炮打士，暗藏反照做杀，是以攻为守的着法。第6回合，车七平六，弃车杀士，调虎离山，引离黑车后，黑方一时没有杀着。第7回合，车二平五，红车占花心，接着退马双将，绝杀取胜。

（一）

1. <u>车二进一</u>　将6进1
2. 炮五进六　士4进5
3. 车二退一　将6退1
4. 马一进二　象5退7
5. 车七进一　士5退4
6. 车七平六　车4退8
7. 车二平五　车6平5
8. 帅五进一　马8进6
9. 帅五退一　马6进4
10. 帅五进一　马4进3
11. 帅五退一　车4进9
12. 帅五平六　炮9平6
13. 马二退三　（红胜）

（二）

1. <u>车二进一</u>　象5退7
2. 车二平三　将6进1
3. 车三平四　将6退1
4. 马一进二　（红胜）

第34局　忙里偷闲

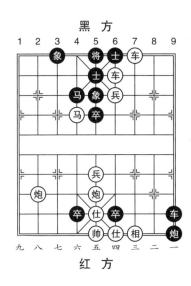

赏析

偷，抽出。闲，没有事情做的时候。忙里偷闲，指在繁忙中抽出一点空闲时间。北宋黄庭坚的《和答赵令同前韵》：人生政自无闲暇，忙里偷闲得几回。本局红方先后弃车、兵，将黑将引入6路。第5回合，炮五进四，打中卒，一招妙手，敲开了胜利的大门。

（一）

1. 炮八进七　象3进1
2. 车四平五　将5进1
3. 兵四进一　将5平6
4. 车三退一　将6进1
5. 炮五进四　卒6进1
6. 仕五退四　卒4进1
7. 帅五平六　车9平4
8. 帅六进一　炮9退6
9. 炮五退二　炮9平5
10. 车三退二　将6退1
11. 车三平五　将6平5
12. 车五平三　象5进7
13. 车三进二　将5退1
14. 马六进四　马4退6
15. 车三平四　象1进3
16. 车四平六　（红胜）

（二）

1. 车四平五　将5进1
2. 兵四进一　将5平6
3. 车三退一　将6进1
4. 炮五进四　卒6平5
5. 炮五退五　（红胜）

注：变化（一）为原谱。变化（二）为谢侠逊评校版，更加简洁、高效。

第 35 局　龙翻潭底

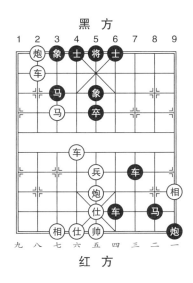

2. 车八平五	将 5 平 6
3. 车五进一	将 6 进 1
4. 车六进四	马 3 退 5
5. 车五平四	将 6 退 1
6. 车六进一	将 6 进 1
7. 车六平四	（红胜）

（二）

1. 车六进五	马 3 退 4
2. 炮五进四	士 6 进 5
3. 车八平五	将 5 平 6
4. 车五进一	将 6 进 1
5. 车五平四	将 6 退 1
6. 马七进六	将 6 进 1
7. 炮八退一	（红胜）

（三）

1. 车六进五	马 3 退 4
2. 炮五进四	象 5 退 7
3. 马七进五	士 6 进 5
4. 车八平五	将 5 平 6
5. 车五进一	将 6 进 1
6. 车五平四	（红胜）

赏析

龙，传说中的一种长形、有鳞、有角的神异动物，能飞，能游泳，能兴云作雨。翻，反转，上下或内外的位置颠倒。潭，水深之处。底，最下面的部分。本局红方第 1 回合，炮五进四，炮打中卒后，双车、马在天地炮的配合下，绝杀取胜。

（一）

1. 炮五进四　士 6 进 5

第36局　鹤鸣九皋

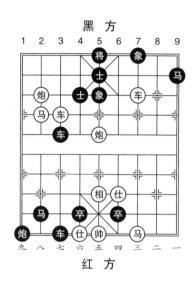

鹤，古人以鹤为天上的瑞鸟，传说鹤是长生不死的神禽，骑上它可上天与神仙相会。皋，水边的岸地。九皋，深泽。鹤鸣九皋，鹤鸣于湖泽的深处，它的声音很远都能听见，比喻贤士隐身名著。本局红方第1回合，车七进三，弃车腾开马路。第3回合，车三平四，再次弃车，换一炮架，才有借将还家，巧打黑方肋卒的妙招，而后借炮使马，取胜。

（一）

1. 车七进三　后车退4
2. 马八进六　将5平6
3. 车三平四　士5进6
4. 炮五平四　士6退5
5. 炮四退四　士5进6
6. 仕四退五　士6退5
7. 马三进四　士5进6
8. 马四进二　士6退5
9. 马二进四　士5进6
10. 马四进三　士6退5
11. 马三进二　将6进1
12. 马二退四　将6进1
13. 马六退五　将6退1
14. 马五进四　（红胜）

（二）

1. 车七进三　后车退4
2. 马八进六　将5平6
3. 车三平四　士5进6
4. 炮五平四　士6退5
5. 炮四退四　士5进6
6. 仕四退五　士6退5
7. 马三进四　士5进6
8. 马四进二　士6退5
9. 马二进四　士5进6

10. 马四进三　士6退5
11. 马三进二　将6进1
12. 马二退四　将6进1
13. 仕五进四　（红胜）

第37局　损人安己

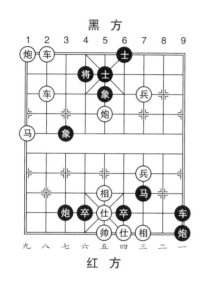

赏析

损人安己，也是损人利己的意思，指某个对象为了得到好处损害别人的利益。本局红方第2回合，后车平六，弃车具有腾挪和堵塞的双重作用，一方面给边马让出了进攻的道路，另一方面迫使黑士吃车后，堵塞黑将的一条退路。第6回合，车七平五，利用马后炮杀的威胁，弃车照将。第8回合，马八退六，一着等着，连攻带守，决定了全局的胜负。最终炮入花心，将军取胜，令人拍案叫绝。

1. 前车退一　将4退1
2. 后车平六　士5进4
3. 车八进一　象5退3
4. 车八平七　将4进1
5. 马九进八　将4平5
6. 车七平五　将5平6
7. 前兵进一　将6进1
8. 马八退六　士4退5
9. 车五退一　士6进5
10. 炮九平五　士5进4
11. 后炮进二　（红胜）

第38局　百计无由

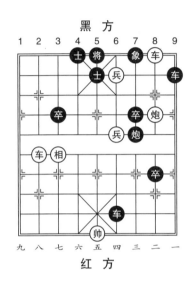

引开6路黑车，是重要的顿挫，为稍后的兵五进一，绝杀取胜埋下伏笔。

（一）

1. 车二平一　　车9退1
2. 炮二进三　　车9平8
3. 前兵平五　　将5平6
4. 车八进五　　车6平4
5. 兵五进一　　将6进1
6. 车八退一　　将6进1
7. 兵四进一　　（红胜）

（二）

1. 车二平一　　车9退1
2. 炮二进三　　象7进9
3. 前兵平五　　将5平6
4. 车八进五　　车6平4
5. 炮二平六　　车4平5
6. 帅五进一　　车9进1
7. 炮六退九　　（红胜）

赏析

百计，想尽或用尽一切办法。无由，没有门径，没有办法。本局红方第1回合，车二平一，弃车引离黑车对下二路咽喉要道的防守，属调虎离山之计。第2回合，炮二进三，弃炮引离黑车，解除红方底线的顾虑，是围魏救赵之计。第4回合，车八进五，

第 39 局　博望烧屯

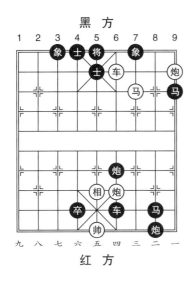

市方城县。屯，军营。三国时期，刘备依附刘表，在博望坡与夏侯惇对峙，诸葛亮暗设伏兵，自烧屯伪遁，夏侯惇追来中计，损兵十万，这也是诸葛亮初出茅庐第一功。本局红方的三路马在四路炮的掩护下，跳到底线，形成马后炮，绝杀取胜。

1. 炮一进一　马9退8
2. 车四进一　士5退6
3. 炮一平三　士6进5
4. 马三进四　（红胜）

博望，博望坡，位于河南省南阳

第40局 决策九重

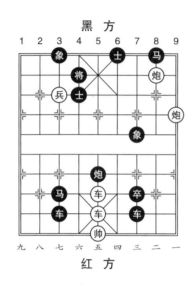

 赏析

决策，决定的策略或办法。九重，指宫禁，朝廷。本局红方先用七路兵将黑将逼进中路，而后，中路的双车强行杀出，最终以重炮杀取胜。

（一）

1. 兵七进一　将4退1
2. 兵七进一　将4平5
3. 前车进一　马3退5
4. 车五进二　士4退5
5. 车五进五　士6进5
6. 炮一进三　马8进6
7. 炮二进一　（红胜）

（二）

1. 兵七进一　将4平5
2. 前车进一　马3退5
3. 车五进二　象3进5
4. 炮一平五　象5退7
5. 兵七平六　将5退1
6. 炮五平四　士6进5
7. 兵六平五　士4退5
8. 车五进五　将5平4
9. 车五进一　将4进1
10. 炮四进二　将4进1
11. 车五平六　（红胜）

第41局　镇压远庭

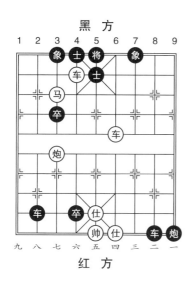

赏析

镇压，强力压制。庭，同廷，朝廷。本局红方第3回合，车六平四，这步典型的引入战术，将黑将引入红马的火力范围，而后连续运马照将取胜。

1. 炮七平五　士5进4
2. 车四平五　将5平6
3. 车六平四　将6进1
4. 马七进六　将6退1
5. 车五平四　将6平5
6. 马六退五　士4退5
7. 马五进三　将5平4
8. 车四平六　士5进4
9. 车六进二　（红胜）

第 42 局　参辰卯酉

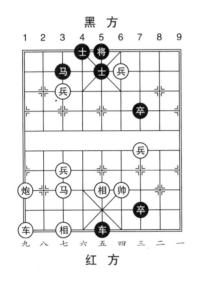

不同时出现。卯，十二时辰之一，上午五时至七时。酉，十二时辰之一，下午五时至七时。参星酉时出于西方，辰星卯时出于东方。参与辰，卯与酉相对立。用以比喻不相关或势不两立。本局红方弃炮舍车，以兵取胜。

1. 炮九进七　马3退1
2. 相七进九　车5平1
3. 相五退七　（红胜）

注：红方用兵和马、双相将黑方车、马两个子软禁起来，而后七路兵渡河，吃黑方7路卒，3兵配合绝杀取胜。

　　参、辰，二星宿名，此出彼没，

第43局 精忠报国

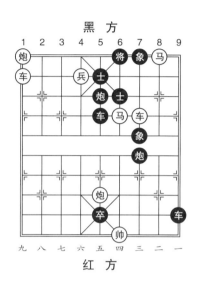

为国家竭尽忠诚,牺牲一切。源自南宋爱国将领岳飞的典故,岳母刺字,精忠报国。本局红方通过弃双车,既开通四路马的进攻通路,又堵塞黑将的活动通道,最终以炮取胜。

1. 车三进三　炮7退5
2. 兵六进一　将6进1
3. 马四进二　炮5平8
4. 车九平五　车5退2
5. 炮五平四　（红胜）

赏析

精忠报国,精心忠诚,报效祖国,

第44局 近悦远来

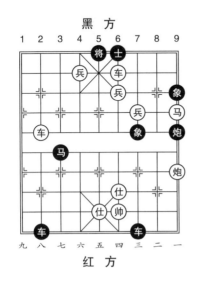

近悦远来，指邻近的人因为受到好处而都喜悦，远方的人也都望风而前来归附。本局红方第1回合，车四进一，弃车破士，将黑将引入6路。第3回合，车八平四，弃车换得炮架。而后以送佛归殿的杀法，绝杀取胜。

1. 车四进一　将5平6
2. 兵四进一　将6进1
3. 车八平四　炮9平6
4. 炮一平四　炮6平5
5. 兵三平四　炮5平6
6. 兵四进一　将6退1
7. 兵四进一　将6平5
8. 兵四平五　（红胜）

第45局 遇水叠桥（甲）

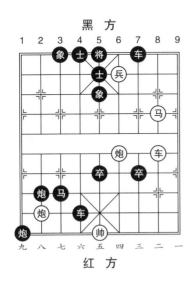

赏析

遇水叠桥，遇水阻拦，就架桥通过。形容不怕阻力，奋勇前进。明朝罗贯中的《三国演义》第50回：军旅逢山开路，遇水叠桥，岂有泥泞不堪行之理。本局红方第7回合，车六进一，弃车引离黑方4路车，从而发挥左炮的攻击作用。第9回合，前炮平五，平炮照将，控制中路，截断黑将归路，再运马消灭黑方负责防守的6路卒，最终以马后炮将军取胜。

1. 兵四进一　车7平6
2. 马二进三　车6进1
3. 车二进五　士5退6
4. 车二平四　将5进1
5. 车四退一　将5退1
6. 车四平六　将5平6
7. 车六进一　车4退8
8. 炮八平四　卒7平6
9. 前炮平五　卒6平7
10. 马三退四　卒7平6
11. 马四退二　卒6平7
12. 马二进三　将6进1
13. 马三退四　卒7平6
14. 马四退二　卒6平7
15. 马二退四　（红胜）

第46局 远交近攻（甲）

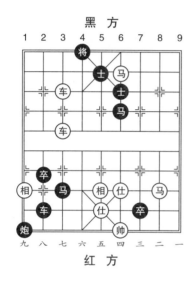

2. 前车退一　将4退1
3. 前车平五　车2进1
4. 相五退七　车2平3
5. 仕五退六　车3平4
6. 车五退八　将4进1
7. 车七进三　（红胜）

（二）

1. 前车进二　将4进1
2. 前车退一　将4退1
3. 前车平五　马3进4
4. 车七退五　士6退5
5. 车七平九　马4退3
6. 车九平七　车2进1
7. 车七平八　马3进2

（和局）

注：变化（一）为原谱，红胜。有误，参见变化（二）。变化（二）为第3回合，黑方选择最佳的防守，马3进4，和局。如将红方九路边相移至七路河头，则红胜。

赏析

远交近攻，指联络距离远的国家，进攻距离近的国家，这是战国时期秦国采取的外交策略，现特指待人处事的手段。本局红方解杀还杀，黑方妙手守和。

（一）

1. 前车进二　将4进1

第47局 守边告归

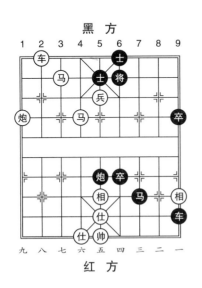

 赏析

守边，守卫边境。告归，旧时官吏告老回乡或请假回家，现引申为告辞、告别回家。本局红方炮平边打卒，争得一先，再采用弃子引离战术，从而形成马后炮，绝杀取胜。

1. 炮九平一　车9退1
2. 兵五平四　士5进6
3. 车八平四　将6退1
4. 炮一平四　士6退5
5. 马六进四　（红胜）

第48局 卧薪尝胆

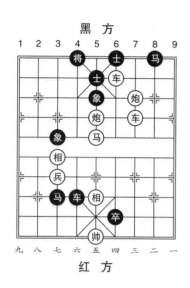

赏析

卧薪尝胆，形容一个人忍辱负重，奋发图强，终能苦尽甘来。典故出自春秋时期，越王勾践卧薪尝胆，最终击败吴国。本局红方第5回合，炮三平六，妙手打车，取胜。

（一）

1. 炮三进二　将4进1
2. 马五进七　将4进1
3. 马七进八　将4退1
4. 车四平五　士6进5
5. 炮三平六　士5退4
6. 车三进二　马8进6
7. 车三平四　士4进5
8. 车四平五　（红胜）

（二）

1. 炮三进二　将4进1
2. 马五进七　将4进1
3. 马七进八　将4退1
4. 车四平五　士6进5
5. 炮三平六　卒6平5
6. 帅五平四　马8进6
7. 炮六退七　马6进7
8. 炮五平六　（红胜）

第49局　独步出营

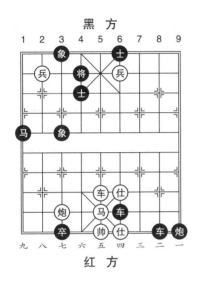

独步，独自一人在路上行走。出，离开。营，军队驻扎的地方。本局红方第 6 回合，马五进六，弃炮跃马，露帅助攻，凶悍异常。五路中马奔出，取胜。

1. 兵八平七　将4退1
2. 兵七进一　将4进1
3. 炮七平六　士4退5
4. 车五平六　士5进4
5. 车六平八　士4退5
6. 马五进六　车6平4
7. 车八进六　将4进1
8. 马六进七　马1退3
9. 车八退一　将4退1
10. 马七进五　马3退5
11. 车八进一　将4进1
12. 马五退七　（红胜）

第50局 秦鹿方走

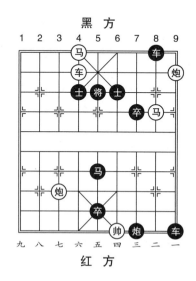

赏析

秦鹿方走，秦失其鹿，天下共逐之，逐鹿中原的意思。本局红方第2回合，车六退一，将黑将引入4路，而后，运马先吃黑7路卒，令黑7路炮无从防守，最终马二进三，奔卧槽，绝杀取胜。

1. 炮七进五　士4退5
2. 车六退一　将5平4
3. 马六退八　将4平5
4. 马八退七　将5平4
5. 马七退五　将4平5
6. 马五进三　将5平4
7. 马三退五　将4平5
8. 马二进三　（红胜）

第51局 下车伏谒

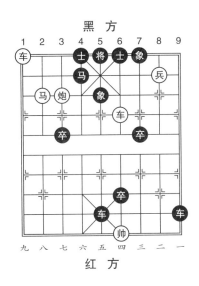

古代指谒见尊者。本局红方先以炮将军，再先后弃双车砍士，最终退炮将军，绝杀取胜。

1. 炮七进二　士4进5
2. 车四进三　将5平6
3. 炮七退一　将6进1
4. 兵二平三　将6进1
5. 车九平四　士5退6
6. 马八进六　士6进5
7. 炮七退一　（红胜）

 赏析

下车，从车辆上下来。伏谒，在

第 52 局　担雪填井

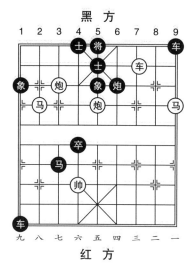

喻徒劳无功。本局红方先后弃炮、车，第 3 回合，马八进七，卧槽将军，待黑将平 6 路后，红炮借助黑炮作为炮架，当头照将，而 6 路黑炮受困，不能左右摆动，黑方被绝杀。

1. 炮七进二　象 1 退 3
2. 车三进一　车 9 平 7
3. 马八进七　将 5 平 6
4. 马一进三　车 7 进 2
5. 炮五平四　（红胜）

赏析

担雪填井，挑雪去填塞水井，比

第53局　开窗邀月

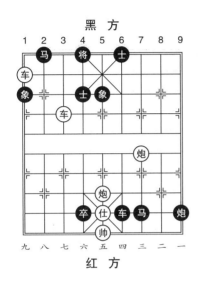

本局红方弃双车，将黑将引入下二路，以重炮将军，绝杀取胜。

（一）

1. 车七进三　象1退3
2. 车九平六　将4进1
3. 炮三平六　士4退5
4. 炮五平六　（红胜）

（二）

1. 车七进三　象5退3
2. 炮三进五　士6进5
3. 车九平六　将4进1
4. 炮五平六　（红胜）

赏析

邀，约请。开窗赏月，人生快事。

第54局　五虎靠山

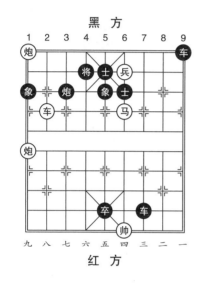

五虎，又称五虎将，三国时期，跟随刘备建立蜀汉政权的五位将军，分别是关羽、张飞、马超、黄忠、赵云。靠山，可以依靠的人或势力。本局黑方卒立花心，双车随时可绝杀红方。红方前方有车、双炮、马、兵，正如五虎围攻黑方，红方先后弃车、马，以双炮绝杀取胜。

1. 车八平六　炮3平4
2. 车六进一　士5进4
3. 后炮平六　士4退5
4. 马四退六　士5进4
5. 马六退八　士4退5
6. 马八进七　将4退1
7. 马七进八　将4平5
8. 炮六进五　象5退3
9. 马八退六　士5进4
10. 炮六退一　（红胜）

第55局　背水战胜

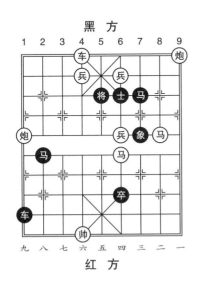

赏析

　　背水，背后是水，表示没有退路。背水一战，背后临近河水摆阵，或布下阵势，后来指出于绝境之中，为求出路而决一死战。战胜，在战争中取得胜利。《史记·淮阴侯列传》：信乃使万人先行，出，背水陈。赵军望见而大笑。本局红方弃车，马、炮联攻，红炮在对方底线，借助下二路的红兵作为炮架，绝杀取胜，符合局名"背水战胜"。

（一）

1. 车六平五　士6退5
2. 车五退一　马7退5
3. 炮一平五　将5平6
4. 后兵进一　马5进6
5. 炮九平四　马6进8
6. 炮四退三　将6平5
7. 马四进三　将5平6
8. 炮五平四　（红胜）

（二）

1. 车六平五　士6退5
2. 车五退一　马7退5
3. 炮一平五　将5平6
4. 后兵进一　马5进6
5. 炮九平四　马6进4
6. 炮四退三　将6平5
7. 兵四平五　将5平4
8. 炮五平六　将4平5
9. 马四进三　将5平6
10. 马三退五　将6平5
11. 炮六平五　（红胜）

第56局 百川归海

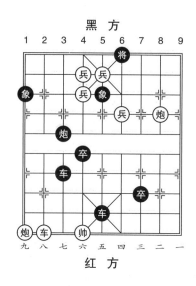

川，江河。归，趋向、归向。百川归海，许多江河流入大海，比喻大势所趋或众望所归。本局红方第2回合，车八平七，弃车吃炮，吸引黑车退至底线，是调虎离山之计。第3回合，炮二退六，伏有兵五平四，将6进1，炮二平四，再运用送佛归殿杀法，绝杀取胜。

1. 车八进九　炮3退4
2. 车八平七　车3退6
3. 炮二退六　车5平6
4. 炮二平四　车3进9
5. 炮四平七　车6平3
6. 兵四进一　车3进1
7. 帅六进一　车3退1
8. 帅六退一　车3平6
9. 兵四进一　车6退7
10. 兵五平四　将6进1
11. 后兵平五　卒4进1
12. 兵六平五　将6退1
13. 后兵平四　象1退3
14. 兵四进一　（红胜）

第57局　放弥六合

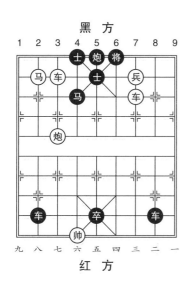

 赏析

弥，指满和补。六合，天地东南西北。唐朝李白的《古风》：秦王扫六合，虎视何雄哉。本局红方通过弃双车，将黑方负有防守重任的5路士和4路马引离，最终以马后炮绝杀取胜。

1. 车三平四　士5进6
2. 车七平四　马4退6
3. 兵三进一　炮5平7
4. 炮七进四　士4进5
5. 马八进六　（红胜）

第58局　中外二圣

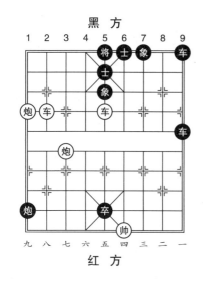

高宗、武则天。《资治通鉴》：自是上每视事，则后垂帘于后，政无大小，皆与闻之。天下大权，悉归中宫，黜陟杀生，决于其口，天子拱手而已，中外谓之二圣。本局红方弃车，以天地炮或重炮绝杀取胜。

1. 车八进三　士5退4
2. 炮七进五　士4进5
3. 炮七退二　士5退4
4. 车五进一　象7进5
5. 炮九平五　士6进5
6. 炮七进二　（红胜）

中外，里面和外面。二圣，指唐

第 59 局　变现出没

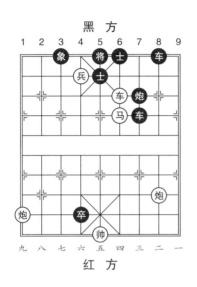

更改、变调、变动的意思。现，现有的，当时就有的。出没，出现与隐没。本局红方弃车、兵，运用双炮、马，以双将杀法取胜。

1. 炮九进八　象 3 进 1
2. 兵六进一　将 5 平 4
3. 车四平六　士 5 进 4
4. 炮二平六　士 4 退 5
5. 马四进六　车 7 平 4
6. 马六进七　（红胜）

赏析

变，性质状态或情形和以前不同，

第60局　虎兕出匣

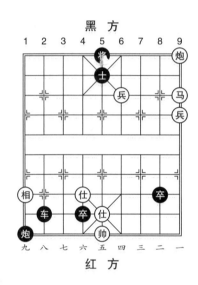

赏析

兕，犀牛一类的野兽。匣，古代通柙，指关野兽的木笼。虎、兕从木笼中逃出，比喻恶人逃脱或做事不尽责，主管者应负责任。本局红方第1回合，马一进二，先用红马将军。第

2回合，帅五平四，既缓解了黑方的攻势，又出帅助攻，一举取胜。符合局名"虎兕出匣"。

（一）

1. 马一进二　士5退6
2. 帅五平四　卒8平7
3. 马二退三　士6进5
4. 马三进四　将5平6
5. 兵四进一　将6平5
6. 兵四进一　（红胜）

（二）

1. 马一进二　士5退6
2. 帅五平四　将5进1
3. 马二退三　将5平4
4. 马三进四　将4平5
5. 兵四平五　（红胜）

第61局 群虎争餐

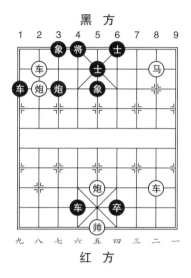

夺利。本局红方先弃车,再弃马,利用黑方车、炮、双象位置不佳,底象不能飞边的弱点,以车、双炮绝杀取胜。

1. 车八平六　将4进1
2. 马二进四　士5退6
3. 车二进六　士6进5
4. 车二平五　将4退1
5. 炮八进二　(红胜)

赏析

争餐,互相争夺食物,比喻争权

第62局 控告无门

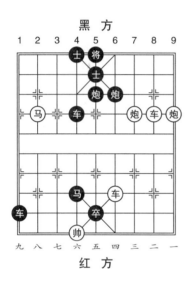

（一）

1. 车二进三　炮6退2
2. 车四进七　士5退6
3. 炮三进三　士6进5
4. 炮三退四　士5退6
5. 马八进六　车4退1
6. 炮一平五　士4进5
7. 炮三进四　（红胜）

（二）

1. 车二进三　士5退6
2. 炮三进三　士6进5
3. 炮三退四　士5退6
4. 炮一平五　车4平5
5. 马八进七　将5进1
6. 车二退一　炮6退1
7. 车四进六　（红胜）

 赏析

控告，申诉和告诉。无门，没有门户，没有门路。本局红方采用抽将的战术，调整双炮之间的相对位置，使一路边炮有了横向运动的可能。第5回合，马八进六，挂角将军，运用阻塞战术，弃马阻塞黑方子力的活动。最终以天地炮绝杀取胜。

第 63 局　头辆舆轮

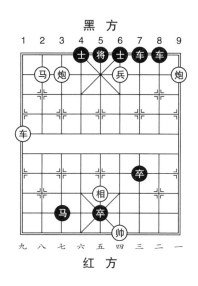

炮七平二，既封锁了黑将的出路，又缓解了黑 8 路车的进攻。第 4 回合，车九平六，弃车杀士，引离中士，换得士角空门，回马一枪，以白马现蹄绝杀取胜。

1. 兵四平五　　士4进5
2. 车九进四　　士5退4
3. 炮七平二　　士6进5
4. 车九平六　　士5退4
5. 马八退六　　（红胜）

赏析

舆轮，车轮。本局红方第 3 回合，

第64局 倒转干戈

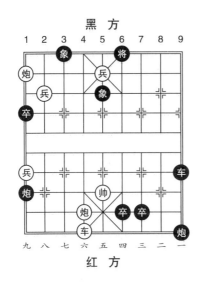

赏析

倒转，倒过来，反过来。干戈，干为防具，盾牌；戈为武器，类似矛的进攻武器。干戈用作兵器的通称，引申为战争。本局黑炮在2路上下活动，阻拦红炮进入黑方棋盘的右角做杀或平边线打卒，可成和局。

（一）

1. 炮九进一　象3进1
2. 炮六进八　象1退3
3. 车六平一　车9进3
4. 炮六退九　象3进1
5. 炮六平四　卒6进1
6. 兵八进一　（红胜）

（二）

1. 炮九进一　象3进1
2. 炮六进八　象1退3
3. 车六平一　车9进3
4. 炮六退九　象3进1
5. 炮六平四　卒6进1
6. 兵八进一　车9退2
7. 帅五退一　车9平4
8. 兵八进一　车4退7
9. 炮九平六　炮1平6
10. 炮六退一　炮2退6
11. 炮六退六　炮2进6
12. 炮六退一　炮2进1
13. 炮六进五　炮2退2
14. 炮六退四　炮2进1

（和局）

（三）

1. 炮九进一　象3进1
2. 炮六进八　象1退3
3. 车六平一　车9进3

4. 炮六退九　象3进1
5. 炮六平四　车9平6
6. 兵八进一　车6平5
7. 帅五平六　车5平4
8. 帅六平五　象5进7
9. 兵八进一　车4退9
10. 炮九平六　炮1退2
11. 炮六退九　卒1进1

12. 炮六平八　（和局）

注：变化（一）为原谱，至第6回合红方兵八进一，红胜。有误，参见变化（二）。变化（二）为变化（一）继续用象棋巫师软件演算，和局。变化（三），按《中国象棋谱大全》注，第5回合，黑方选择最佳的防守，车9平6，吃炮，和局。

第65局　推窗观月

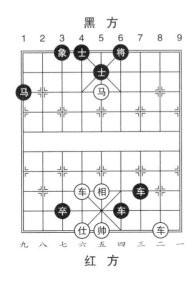

 赏析

推窗观月与第53局开窗邀月有异曲同工之妙。本局红方第2回合，相五进三，宛如推窗，这也是将军脱袍的战术组合。第4回合，车六平四，弃车吸引，堵塞将路。最终以八角马杀法取胜。

（一）

1. 车六进七　将6进1
2. 相五进三　车7退2
3. 车二进八　将6进1
4. 车六平四　士5退6
5. 车二退一　将6退1
6. 马五进六　（红胜）

（二）

1. 车六进七　将6进1
2. 相五进三　象3进5
3. 车六平三　（红胜）

（三）

1. 车六进七　将6进1
2. 相五进三　车7平5
3. 相三退五　士5退4
4. 车二进八　将6进1
5. 马五进六　（红胜）

第66局　见危致命

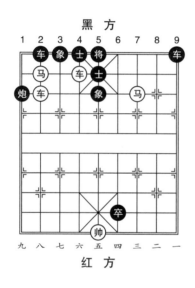

 赏析

见危致命，在危急关头勇于献出自己的生命。《论语·子张》：士见危致命，见得思义。本局红方连弃双车，通过弃子引离、弃子腾挪等战术，最终以白马现蹄绝杀取胜。

1. 车六进一　士5退4
2. 车八平五　象3进5
3. 马八退六　（红胜）

第67局　凫罗鱼网

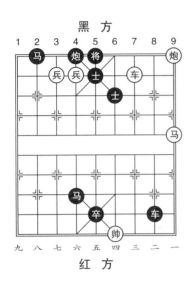

赏析

凫，水鸟，俗称野鸭，似鸭，雄的头部绿色、背部黑褐色，雌的全身黑褐色，常群游湖泊中，能飞。罗，捕鸟的网，这里是张网捕捉的意思。本局红方先后弃兵、车，最终以炮取胜。

（一）

1. 车三进一　士5退6
2. 兵六平五　将5进1
3. 车三退一　将5进1
4. 马一进三　将5平4
5. 马三退五　将4平5
6. 马五进七　将5平4
7. 车三平六　马2进4
8. 炮一平六　（红胜）

（二）

1. 车三进一　士5退6
2. 兵六平五　将5进1
3. 车三退一　将5进1
4. 马一进三　将5平4
5. 马三退五　将4平5
6. 马五进七　炮4进3
7. 炮一退二　车8退6
8. 车三平五　士6进5
9. 炮一进二　车8进7
（黑胜）

（三）

1. 车三进一　士5退6
2. 兵六平五　将5进1
3. 车三退一　将5进1
4. 马一进三　将5平4
5. 车三平六　马2进4
6. 炮一平六　（红胜）

注：变化（一）为原谱。变化（二）为第6回合，黑方选择最佳的防守，炮4进3，蹩马腿，红方攻势瓦解，黑胜。变化（三）为谢侠逊评校版，更加简洁、高效，红胜。

第68局　鸿门碎斗

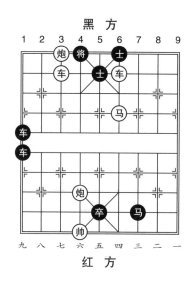

鸿门，现今陕西省临潼区新丰镇

鸿门堡村。斗，玉斗，玉制的斗形酒器。鸿门碎斗，指楚汉相争时期，项羽召刘邦会宴于鸿门。酒席间，谋士范增劝项羽杀了刘邦，项羽不听。刘邦假意奉承，赠送财宝给项羽等人，奉送给范增一个精致的玉斗，范增愤怒不已，摔碎玉斗说："将来我们都要成为刘邦的俘虏。"后来项羽果然败亡在这件事上。本局红方第3回合，马六进四，逼黑将进入绝地。最终以马后炮绝杀取胜。

1. 马四进六　　前车平4
2. 车四进一　　士5退6
3. 马六进四　　将4平5
4. 马四进六　　（红胜）

第69局 举趾触罝

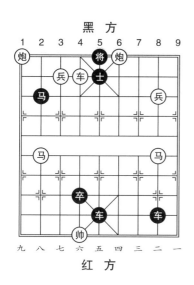

罝，捉兔子的网，泛指捕野兽的网。本局红方第1回合，车六进一，弃车后，招数紧凑，八步连杀，以马、炮、兵取胜。

1. 车六进一　将5平4
2. 兵七进一　将4进1
3. 马八进七　将4进1
4. 马七进八　将4平5
5. 马二进三　将5平6
6. 炮九退二　马2进3
7. 马八退六　马3退2
8. 马六进四　（红胜）

 赏析

举趾，举足，抬脚。触，碰，撞。

第70局 鸢飞唳天

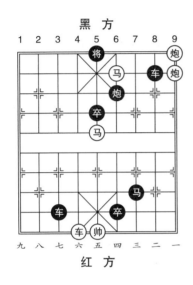

者是一种凶猛的鸟,外形似鹰。唳,鹤、雁等鸟高亢的鸣叫。鸢飞唳天,形容那些像鸢鸟一样怀着对名利的渴望,极力高攀的人。本局红方第3回合,车六进八,弃车,将黑将引至4路,最终以双马取胜。

1. 马四进二　炮6退2
2. 马二退四　将5进1
3. 车六进八　将5平4
4. 马四退五　将4进1
5. 前马进七　将4平5
6. 马七退六　（红胜）

赏析

鸢,古书上说是鸱一类的鸟,或

第71局　触目惊心

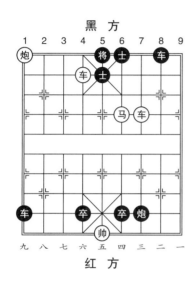

目惊心，指看见某种严重情况而内心震惊，现指事态严重，引起轰动。本局红方先后弃车、炮，以马卧槽，再进车绝杀取胜。

1. 车六平五　士6进5
2. 马四进六　将5平4
3. 马六进七　车1退8
4. 车三平六　将4平5
5. 马七退六　将5平4
6. 马六退八　将4平5
7. 马八进七　将5平6
8. 车六平四　士5进6
9. 车四进一　（红胜）

赏析

触目，眼睛看到。惊，震惊。触

第72局 骏骑追风

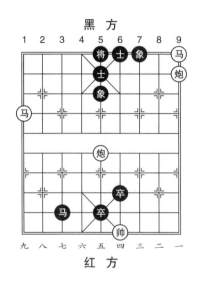

骏骑,良马。追风,马行千里之速。本局红方双马上下翻飞,最快可以用11个回合连杀取胜。

(一)

1. 马一退三 　将5平4
2. 马九进八 　将4进1
3. 马三退五 　士5进6
4. 马八退七 　将4退1
5. 马七退五 　将4退1
6. 前马退七 　将4退1
7. 马七进八 　将4进1
8. 马五进四 　象7进5
9. 马四进二 　士6进5
10. 马二退三 　士5退6
11. 马三进四 　士6进5
12. 马四退五 　士5退6
13. 马八退七 　将4退1
14. 马五进七 　将4进1
15. 前马退九 　将4退1
16. 马九进八 　(红胜)

(二)

1. 马一退三 　将5平4
2. 马九进八 　将4进1
3. 马三退五 　士5进6
4. 马八退七 　将4退1
5. 马七退五 　将4退1
6. 前马退七 　将4退1
7. 马七进八 　将4进1
8. 马五进四 　象7进5
9. 马四进二 　士6进5
10. 马二退三 　士5退6
11. 马三进四 　士6进5
12. 马四退五 　士5退6
13. 马八退七 　将4进1

14. 马七进八　将4退1
15. 马八退七　将4进1
16. 炮一平四　卒5平6
　　（黑胜）

（三）

1. <u>马一退三　将5平4</u>
2. 马九进八　将4进1
3. 马三退五　士5进6
4. 马八退七　将4退1
5. 马七退五　将4退1
6. 前马退七　将4退1
7. 马七进八　将4退1
8. 马五进四　象7进5
9. 马四进二　士6进5
10. 马二退三　士5退6
11. 马八退七　将4退1
12. 马三进五　士6进5
13. 马七进八　将4平5
14. 马五退三　士5进6
15. 马八退六　将5进1
16. 马三进二　将5进1

17. 马六退五　（红胜）

（四）

1. <u>马一退三　将5平4</u>
2. 马九进八　将4进1
3. 马三退五　士5进6
4. 马八退七　将4退1
5. 马七退五　将4退1
6. 前马退七　将4退1
7. 马七进八　将4退1
8. 马五进四　将4平5
9. 马四进二　将5进1
10. 马八退七　将5平4
11. 马七退五　（红胜）

　　注：变化（一）为原谱。变化（二）为第12回合，黑方选择最佳的防守，士5进6，第13回合，将4进1，红方攻势瓦解，黑胜。变化（三）为第11回合，红方选择最佳的变化，马八退七，红胜。变化（四）为谢侠逊评校版，更加简洁、高效，红胜。

第73局　鱼跃于渊

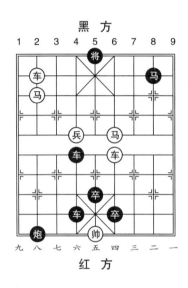

车八平五，弃车吸引黑将，以便四路马跃马照将，最终双马在四路车的配合下，绝杀取胜。

1. 车八平五　将5进1
2. 马四进六　将5退1
3. 马六进七　将5平4
4. 马七退五　将4平5
5. 马五进三　将5进1
6. 马八退六　将5平4
7. 车四进四　将4退1
8. 车四进一　将4进1
9. 马六进八　将4平5
10. 马三退四　马8进6
11. 马八退六　将5平4
12. 马六进四　将4平5
13. 前马退六　将5平4
14. 马六进八　（红胜）

 赏析

跃，跳跃。渊，深水，潭。《诗经·大雅》：鸢飞戾天，鱼跃于渊。指鹰在天空飞翔，鱼在水中腾跃，形容万物各得其所。本局红方第1回合，

第74局　登高履险

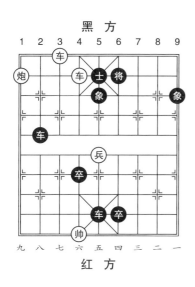

过河参战，最终直捣黄龙。

（一）

1. 车六退三　将6进1
2. 车六平四　车2平6
3. 车七平二　车5平4
4. 帅六进一　卒4进1
5. 帅六进一　车6平4
6. 帅六平五　车4退3
7. 车二退八　象5进7
8. 兵五进一　车4平1
9. 车二平四　将6平5
10. 兵五进一　将5平4
11. 车四平六　（红胜）

（二）

1. 车六退三　士5进4
2. 车七退一　将6进1
3. 车六平八　象5进3
4. 车八平七　卒4进1
5. 后车平四　将6平5
6. 炮九退一　士4退5
7. 车七退一　士5进4
8. 车七退五　士4退5
9. 车七平六　车5进1

赏析

登高，升至高处。履险，身处险境。登高履险，比喻诚惶诚恐。本局红方第1回合，车六退三，弃车叫将，黑将只有将6进1，登高逃遁。第2回合，车六平四，弃车履险，调虎离山，也可以说是围魏救赵，这是红方制胜的关键，黑方只有接受红方弃车，车2平6。第3回合，车七平二，红方闪车奇袭，巧妙地利用黑中士作为炮架，着法精妙，而后，红方步步紧逼，不但追回一个黑车，而且渡中兵

10. 帅六平五　卒6平5
11. 帅五进一　象9退7
12. 车四平五　将5平6
13. 车六平四　（红胜）

注：变化（二），黑方不登高履险，也在劫难逃。

第75局　豪帅心服

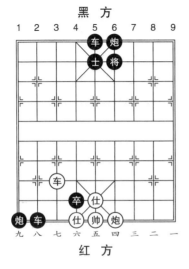

落酋长，现指首领。心服，衷心地信服。本局红方运用顿挫战术，第4回合，车五进六，红车借助帅力，强占花心，弃车送与黑方，黑车非吃不可，吃后则自相阻塞，最终以炮闷宫绝杀取胜。

1. 车七平四　士5进6
2. 车四平五　士6退5
3. 仕五进四　士5进6
4. 车五进六　车5进1
5. 仕四退五　（红胜）

 赏析

豪帅，原指武装叛乱的首领或部

第76局 莺慵蝶懒

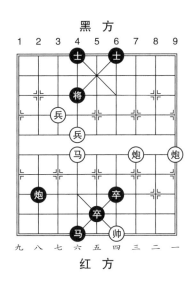

赏析

莺慵蝶懒，黄莺有些倦怠，蝴蝶懒得飞舞。北宋苏轼的《蝶恋花·蝶懒莺慵春过半》：蝶懒莺慵春过半。花落狂风，小院残红满。本局红方运用马、炮、兵联攻，取胜。

（一）

1. 兵六进一　将4平5
2. 马六进四　将5退1
3. 马四进三　将5平6
4. 马三退五　将6进1
5. 马五退三　将6退1
6. 马三进二　将6平5
7. 马二退四　将5进1
8. 兵六进一　将5平6
9. 炮三平四　（红胜）

（二）

1. 兵六进一　将4平5
2. 马六进四　将5退1
3. 马四进三　将5退1
4. 炮一进五　士6进5
5. 炮三平五　士5进6
6. 兵六平五　士4进5
7. 马三进二　（红胜）

第77局 双蝶翻风

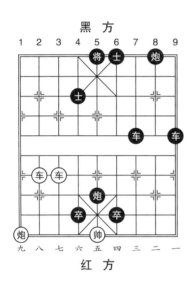

赏析

双蝶，成双成对的蝴蝶。翻，飞。风，像风那样迅速的。本局红方双车、炮围攻黑将，最终破士取胜。

（一）

1. 车七进六　将5进1
2. 车八进五　将5进1
3. 炮九进七　士4退5
4. 车七退二　士5进4
5. 车七退一　士4退5
6. 车八退一　士5进4
7. 车七平五　将5平6
8. 车八退一　士4退5
9. 车五平四　将6平5
10. 车八平五　将5平4
11. 车五平六　将4平5
12. 车四平五　将5平6
13. 车六进一　将6退1
14. 车五平四　士5进6
15. 车四进一　将6平5
16. 车四平五　将5平6
17. 车六进一　士6退5
18. 车五进一　将6退1
19. 车五平四　将6平5
20. 车六平五　将5平4
21. 车四进一　（红胜）

（二）

1. 车七进六　将5进1
2. 车七退一　将5进1
3. 炮九进七　士4退5
4. 车八进四　士5退4
5. 车八退五　士4退5
6. 车七退一　士5进4
7. 车七退二　士4退5
8. 车八平五　车7平5

9. 车七平五　车9平5
10. 车五进三　将5平4
11. 车五平六　（红胜）

注：变化（一）为原谱。变化（二）为谢侠逊评校版，更加简洁、高效。

第78局　翻江揽海

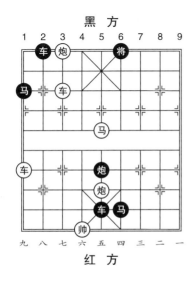

翻江揽海，形容水势浩大，多比喻力量或声势非常壮大。本局红方第

3回合，车五进二，弃车吸引，换得红马活跃，最终以马后炮取胜。

1. 车七平四　将6平5
2. 车四平五　将5平6
3. 车五进二　将6平5
4. 马五进四　将5平6
5. 马四进二　将6进1
6. 马二退三　将6退1
7. 马三进五　将6进1
8. 马五进六　炮5退6
9. 车九平四　将6平5
10. 马六退七　将5进1
11. 马七退六　将5退1
12. 马六进四　将5进1
13. 车四平五　将5平6
14. 炮五平四　（红胜）

第79局　四七并列

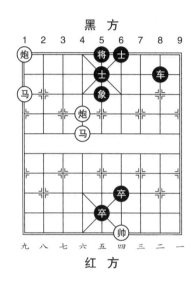

归边，攻击黑方右翼，第1回合，炮六进三，弃炮引将，典型的引蛇出洞，为后面的连续照将创造了条件。双马、双炮四子攻击黑方七子，符合局名"四七并列"。

1. 炮六进三　将5平4
2. 马九进八　象5退3
3. 马八退七　将4进1
4. 马七退五　将4进1
5. 马五退七　将4退1
6. 马七进八　将4进1
7. 马八进七　将4退1
8. 马七退八　将4退1
9. 马六进七　将4平5
10. 马八进七　士5退4
11. 前马退六　将5进1
12. 马六退七　将5平4
13. 后马进五　将4进1
14. 炮九退二　（红胜）

四七，二十八，四乘七所得，既指二十八星宿，又指东汉开国功臣，云台二十八将。并列，排名顺序，不分高下。本局红方双马、双炮，四子

第80局 士卒星散

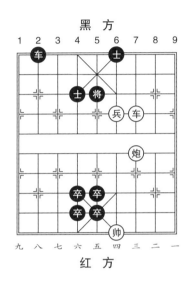

赏析

士卒，甲士和步卒，泛指士兵。星散，分散、四散。本局红方第4回合，车五进三，弃车吸引，暗伏连杀。通过照将，先后吃黑方两个卒，最终形成车、炮必胜双卒、双士的残局。

（一）

1. 兵四进一　将5退1
2. 兵四进一　将5退1
3. 车三平五　将5平4
4. 车五进三　将4进1
5. 车五平八　士4退5
6. 车八退六　将4进1
7. 车八平六　将4平5
8. 车六平五　将5平4
9. 炮三平五　后卒5平6
10. 炮五退三　前卒平5
11. 车五退二　将4退1
12. 车五进二　士5进4
13. 车五平六　卒6平5
14. 帅四平五　卒4平3
15. 兵四进一　卒3平4
16. 兵四平五　将4平5
17. 车六退一　卒5进1
18. 帅五平四　将5退1
19. 车六平五　将5平4
20. 车五退一　将4进1
21. 车五平六　将4退1
22. 车六进六　将4平5
23. 车六进一　（红胜）

（二）

1. 兵四进一　将5退1
2. 兵四进一　将5退1
3. 车三平五　将5平4
4. 车五进三　将4进1

5. 车五平八　士4退5
6. 车八退六　后卒5平6
7. 车八平六　士5进4
8. 炮三平六　士4退5

9. 炮六退二　士5进4
10. 车六平四　士4退5
11. 车四退一　卒4进1
12. 炮六平五　（红胜）

第 81 局　寻踪觅迹

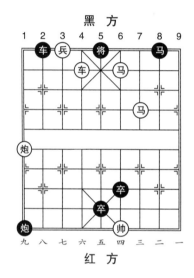

寻踪觅迹，到处寻找别人的行踪。本局红方第3回合，车六平五，弃车引将，最终以炮、双马取胜。

1. <u>兵七平六　车2平4</u>
2. 车六进一　将5进1
3. 车六平五　将5退1
4. 马四退六　将5进1
5. 马六进七　将5平4
6. 马七退八　将4平5
7. 马八退六　将5退1
8. 马六进七　将5平4
9. 马三进五　将4进1
10. 马五进四　将4退1
11. 马七退五　将4平5
12. 炮九平五　（红胜）

觅，找。踪，迹，脚印，指行踪。

第 82 局　祸不单行

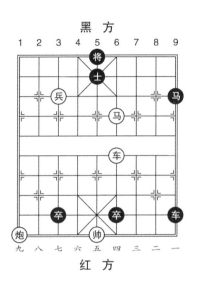

 赏析

祸不单行，指不幸的事接二连三地发生。本局红方第 3 回合，车四进五，弃车引离黑花心士。第 4 回合，马六进四，双将，黑方再也回天乏术，符合局名"祸不单行"。

1. 马四进六　将 5 平 4
2. 炮九平六　卒 3 平 4
3. 车四进五　士 5 退 6
4. 马六进四　（红胜）

第83局 沉鱼落雁

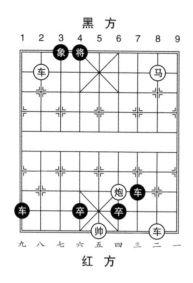

沉鱼落雁，鱼见之沉入水底，雁见之降落沙洲，形容女子容貌美丽。沉鱼、落雁、闭月、羞花是形容古代四大美女，其中，沉鱼指西施，落雁指昭君。本局红方先弃车引将，而后红马在红帅的掩护下，通过照将，跳到篡位马的位置，作为红炮的炮架，再炮四进七，进炮形成马后炮，绝杀取胜。

1. 车八平六　　将4进1
2. 马二退四　　将4进1
3. 马四进五　　将4退1
4. 车二进八　　将4退1
5. 炮四进七　　（红胜）

第84局　双蜓点水

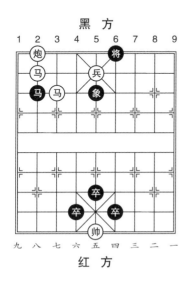

 赏析

蜓，蜻蜓。点水，一触水面即起。唐朝杜甫的《曲江》：穿花蛱蝶深深见，点水蜻蜓款款飞。本局红方马、兵通过照将，将黑将引入中路，进而闪将，回马挂角绝杀。

1. 马七进六　象5退3
2. 兵五平四　将6平5
3. 马六退七　象3进5
4. 马八退六　（红胜）

第85局　骥不称力

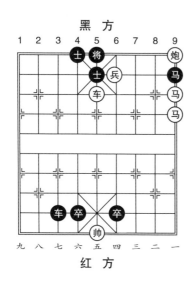

 赏析

值得称赞的不是它的力气，而是它的品德。本局红方先后弃兵、车，第2回合，车五平四，弃车兼有两种作用，一是露帅控制中路，二是当黑士吃车后，阻塞了黑将的活动路径。第3回合，后马进三，弃马引离黑方负责防守的9路马，暗伏马一进二，马后炮绝杀，黑马看着诱饵，竟不敢吃。最终以马、炮取胜。

1. 兵四进一　将5平6
2. 车五平四　士5进6
3. 后马进三　将6进1
4. 马三进二　马9退7
5. 马一退三　将6退1
6. 马二退三　将6进1
7. 前马退一　（红胜）

骥，好马，千里马。比喻贤能。子曰："骥不称其力，称其德也。"（《论语·宪问》）孔子说，千里马最

第86局　运筹决胜

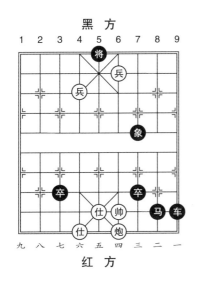

定作战策略以获取战斗胜利。《史记·高祖本纪》：夫运筹策帷帐之中，决胜于千里之外，吾不如子房（张良）。本局红方先弃兵，将黑将引入险地，再平炮将军，借机调整红仕的位置，将红仕调整到六·三的位置，最终炮五平六，绝杀取胜。

1. 兵四平五　　将5进1
2. 炮四平五　　象7退5
3. 仕五进六　　象5退3
4. 仕六进五　　象3进5
5. 兵六平五　　将5退1
6. 兵五进一　　将5平4
7. 炮五平六　　（红胜）

 **赏析**

运筹决胜，又名运筹帷幄，指拟

第87局　开渠引水

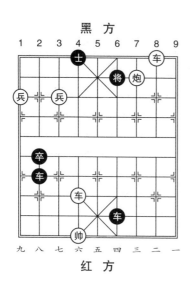

 赏析

开，开挖。渠，水道，特指人工开的河道或水沟。引水，引导水流。本局红方的妙手在于第2回合，炮三平八，借打车入局。而黑方的妙手在于第7回合，车6平5，兑死红车，巧和。

（一）

1. 车二平四　将6退1
2. 炮三平八　卒2平3
3. 车六进七　将6进1
4. 兵九平八　（红胜）

（二）

1. 车二平四　将6退1
2. 炮三平八　士4进5
3. 炮八退五　卒2进1
4. 兵九平八　卒2平3
5. 帅六平五　车6退2
6. 车六平五　卒3平4
7. 兵七进一　车6平5

（和局）

（三）

1. 车二平四　将6退1
2. 炮三平八　士4进5
3. 炮八退五　卒2进1
4. 兵九平八　卒2平3
5. 帅六平五　车6退2
6. 车六平五　卒3平4
7. 车五进六　卒4进1
8. 车五进一　将6进1
9. 车五平六　车6进3
10. 帅五进一　车6退1
11. 帅五退一　卒4平5
12. 车六退一　将6退1

13. 帅五平六　卒5进1
14. 车六进一　将6进1
15. 车六平四　将6退1
16. 兵七平六　车6进1
（黑胜）

注：变化（一）为原谱，红胜，有误，参见变化（二）。变化（二）为第2回合，黑方选择最佳的防守，士4进5，弃车，和局。变化（三）是变化（二）进一步演变，第7回合，倘若红方不走兵七进一，改走车五进六，吃士对杀，黑胜。

第88局　边卒成功

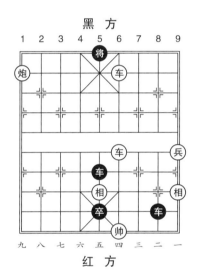

边卒，守边的军士。成功，获得预期的效果，达到目的。本局红方第3回合，前车平五，是重要的顿挫，不使黑将占据中路。第4回合，车五平三，攻守兼备，使黑车不敢擅离中路。第5回合，炮九平五，平炮中路，看住黑卒，黑方攻势瞬间瓦解。而后，红方通过兑车，形成红方占据中路，红车、兵对黑车的必胜局面。最终以边兵渡河挺进取胜。

1. 前车进一　将5进1
2. 后车进四　将5进1
3. 前车平五　将5平4
4. 车五平三　车5进1
5. 炮九平五　卒5平6
6. 车四退七　车8平6
7. 帅四进一　车5退6
8. 车三平七　车5平2
9. 车七退五　车2进3
10. 车七平六　将4平5
11. 车六平五　将5平4
12. 帅四平五　车2平4
13. 兵一进一　（红胜）

第89局 七雄争霸

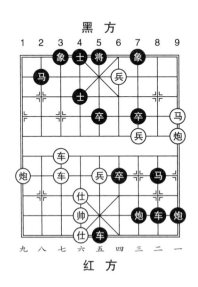

七雄，指战国七雄，战国时期七个最强大的诸侯国，即齐国、楚国、燕国、韩国、赵国、魏国、秦国。争霸，争夺霸权，争夺霸主。本局红方双车、双炮、马、双兵，七子联攻，宛如七雄争霸。红方先后弃兵、车、马。第6回合，前车平四，弃车换得炮架，使红左炮有机会吃卒照将。第9回合，马三退四，弃马吸引黑将进入绝地。第11回合，兵四进一，以送佛归殿杀法取胜。

（一）

1. 兵四进一　将5平6
2. 马一进二　将6平5
3. 炮一进四　象7进5
4. 马二退四　将5平6
5. 马四进三　将6进1
6. 前车平四　马8退6
7. 车七进五　士4退5
8. 炮九平四　马6进8
9. 马三退四　将6进1
10. 兵三平四　马8退6
11. 兵四进一　将6退1
12. 兵四进一　将6退1
13. 兵四进一　将6平5
14. 兵四进一　（红胜）

（二）

1. 兵四进一　将5进1
2. 前车进四　将5进1
3. 炮九进四　士4退5
4. 后车进四　士5进4
5. 前车平五　将5退1
6. 车七进一　（红胜）

第 90 局　骅骝争先

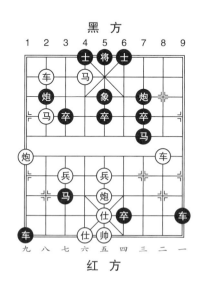

 **赏析**

骅骝，赤红色的骏马，西周周穆王的八骏之一，常代指骏马。争先，争着赶在前头。本局黑方 2 路炮挡住红方八路马的进攻路线，红方第 1 回合，马六退四，马退士角，弃子引离黑炮，活通了八路马的进攻路线，一举获胜。

（一）

1. 马六退四　炮 2 平 6
2. 马八进七　将 5 进 1
3. 马七退六　将 5 退 1
4. 车八平五　士 6 进 5
5. 马六进七　将 5 平 6
6. 炮九平四　（红胜）

（二）

1. 马六退四　炮 2 平 6
2. 马八进七　将 5 进 1
3. 马七退六　将 5 退 1
4. 车八平五　士 4 进 5
5. 马六进七　将 5 平 4
6. 车二平六　士 5 进 4
7. 车六进三　炮 6 平 4
8. 炮九平六　炮 4 进 7
9. 炮五平六　（红胜）

第91局　六国抗秦

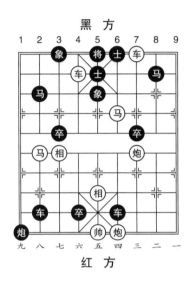

赏析

六国，战国时期，除秦国以外的齐国、楚国、燕国、韩国、赵国、魏国，合称六国。六国与秦国以崤山为界，秦国在崤山以西，六国在崤山以东。抗秦，六国合纵抗秦，共有5次，联军败多胜少。本局红方第1回合，马四进三，卧槽将军，兼具蹩黑方8路马腿的作用。第2回合，车三平四，弃车破士，便于红炮照将杀入中路。第5回合，车五进一，逼迫黑将坐上，便于红八路马照将。第7回合，车五平六，迫使黑马回防，黑方子力自相阻塞。最终回马将军，绝杀取胜。

1. 马四进三　车6退7
2. 车三平四　士5退6
3. 炮三平五　士6进5
4. 车六平五　将5平4
5. 车五进一　将4进1
6. 马八进七　将4进1
7. 车五平六　马2退4
8. 马七退五　（红胜）

第92局　五丁凿路

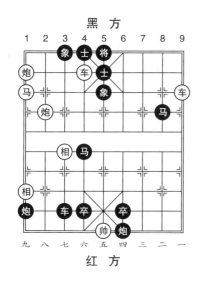

古蜀国有五位大力士，力大无比，称为五丁力士。蜀王令五丁力士凿山开路，打通秦岭，将金牛拉回蜀国。本局红方双车、双炮、马，五子联攻，宛如五丁凿路，先弃车，最终以马、炮取胜。

1. 车一进二　士5退6
2. 车六平五　士4进5
3. 炮八进三　士5退4
4. 马九进七　（红胜）

赏析

五丁凿路，又名五丁开山。传说

卷二

第93局　鱼骇月钩

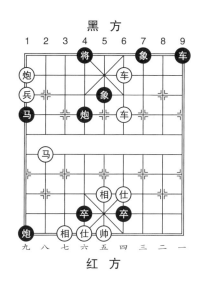

或探取东西的器具，形状弯曲，头端尖锐。本局红方的精华在于第4、第5回合的弃双车，这两着如同月钩，黑马、炮吃红车后，堵塞黑将的活动路径，堵塞战术成功实施，红方一个回马枪，绝杀取胜。

1. 前车进一　将4进1
2. 马八进七　马1退3
3. 后车进二　将4进1
4. 前车平六　马3退4
5. 车四平六　炮4退2
6. 马七退五　（红胜）

赏析

骇，惊惧，惊起，散。钩，悬挂

第 94 局　负笈追师

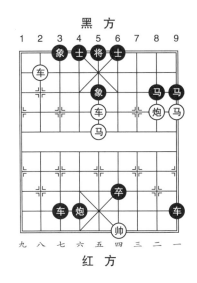

追，追随。师，导师，师傅。负笈追师，又称负笈从师，指一个人学问已经很深了，还去拜师的意思。本局红方精妙之处在于第 1 回合的车五进一，黑象一旦吃车，则红马挂角将军，绝杀。第 3 回合，车五平四，再次弃车，为红炮搭好炮架，最终以马将军取胜。

1. 车五进一　士 6 进 5
2. 马五进六　将 5 平 6
3. 车五平四　士 5 进 6
4. 炮二平四　士 6 退 5
5. 马一进三　（红胜）

 赏析

负笈，背着书箱，指游学外地。

第 95 局　英雄贯斗

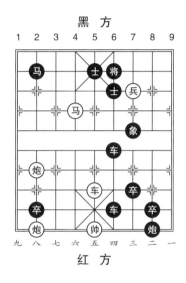

容光芒强烈或正气浩然。本局红方第 3 回合，前炮平四，解杀还杀，妙手入局。第 4 回合，炮八进八，吃黑马照将。再进中路车，双将取胜。

1. 兵三进一　将 6 退 1
2. 兵三进一　将 6 进 1
3. 前炮平四　后车进 1
4. 炮八进八　士 5 退 4
5. 车五进六　（红胜）

赏析

贯斗，上通于斗、牛星宿间，形

第96局　勇退急流（甲）

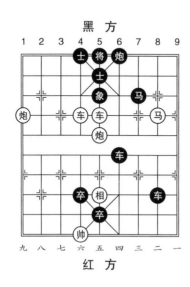

 **赏析**

勇退急流，指在急流中勇敢地立即退却。本局红方双车、双炮、马联攻，取胜。

（一）

1. 马二进三　车6退4
2. 炮九进三　象5退3
3. 车五进二　将5进1
4. 炮五退四　（红胜）

（二）

1. 马二进三　车6退4
2. 炮九进三　象5退3
3. 车五进二　将5进1
4. 炮五退四　象3进5
5. 车六退四　车6进8
6. 炮五退一　将5平6
7. 炮九平四　将6退1
8. 车六进七　将6进1
9. 车六退一　马7退5
10. 相五进三　象5进7
11. 车六退三　车8平2
12. 马三进一　马5进6
13. 车六进三　将6退1
14. 车六进一　将6进1
15. 马一退二　马6退8
16. 车六退一　将6退1
17. 帅六进一　车6平5
18. 车六进一　将6进1
19. 车六平七　车2进1
20. 帅六进一　车2退7
21. 车七退一　车2平3
22. 相三退五　车5平4

（黑胜）

（三）

1. 马二进三　车6退4
2. 炮九进三　象5退3
3. 车五平二　马7进5
4. 车二退四　卒4进1
5. 车六退五　卒5平4
6. 帅六进一　车6平7
7. 车二进四　车7进5
8. 车二进二　车7平4
9. 帅六平五　车4退5
10. 帅五平四　炮6平7
11. 车二平三　炮7平6
12. 车三进一　车4进7
13. 帅四进一　车4退4
14. 车三平四　（红胜）

（四）

1. 炮九进三　象5退3
2. 车五平四　马7进5
3. 马二进三　炮6进1
4. 车六进三　（红胜）

（五）

1. 炮九进三　象5退3
2. 车五平四　士5进6
3. 马二进三　将5进1
4. 马三退五　将5平6
5. 车六进二　士4进5
6. 车六平五　（红胜）

（六）

1. 炮九进三　象5退3
2. 车五平四　士5进4
3. 炮五退四　马7退5
4. 马二进四　炮6进1
5. 车六进一　车8进2
6. 相五退三　马5进6
7. 车六进二　将5进1
8. 车六平五　（红胜）

注：变化（一）为原谱，红胜，有误，参见变化（二）。变化（二）为第4回合，黑方选择最佳的变化，象3进5，黑胜。变化（三）为第3回合，红方选择最佳的变化，车五平二，红胜。变化（四）～（六）为第1回合，红方选择最佳的变化，炮九进三，更加简洁、高效，红胜。

第97局 敌居万人

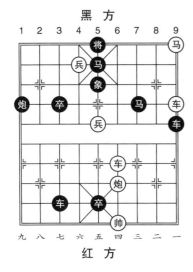

敌居万人,即万人敌,一指兵法,二指勇力可敌万人,多指关羽、张飞等勇将。本局红方第4回合,车四进五,弃车暗伏马后炮杀,一举奠定胜局。

1. 马一退三　马7退6
2. 车一进三　车9退4
3. 兵六平五　将5进1
4. 车四进五　将5退1
5. 车四平六　将5平6
6. 兵五平四　（红胜）

赏析

居（jī,一声）,表语气,同乎。

第 98 局　姜公钓渭

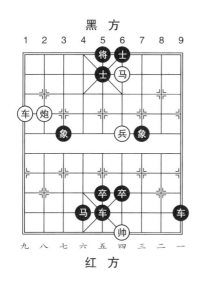

士、象，第 3 回合，炮八退二，退炮抽将，选择有利的攻击位置，堪称妙手。

（一）

1. 车九进三　士 5 退 4
2. 炮八进三　士 4 进 5
3. 炮八退二　士 5 退 4
4. 马四退六　将 5 进 1
5. 车九退一　（红胜）

（二）

1. 车九进三　士 5 退 4
2. 炮八进三　将 5 进 1
3. 车九退一　将 5 进 1
4. 马四退三　将 5 平 4
5. 马三退五　将 4 平 5
6. 马五进七　将 5 平 4
7. 车九平六　（红胜）

赏析

姜公，姜太公，姓姜名尚，字子牙，也称吕尚。渭，渭水，黄河最大的支流，位于陕西省的中部。姜公钓渭，传说姜太公曾经用直钩无饵垂钓于渭水。故有"姜太公钓鱼，愿者上钩"的歇后语。本局红方不破黑方

第 99 局　偷营劫寨

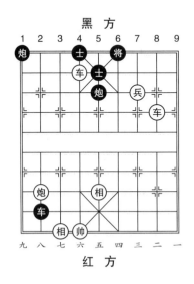

的地方。劫，强夺。寨，防守用的栅栏，引申为军营。偷营劫寨，偷袭敌方的军营。本局红方第 1 回合，炮八进七，弃炮拦截，阻断黑边炮对其左翼的防御。第 4 回合，车二平四，弃车引离黑中士，以便于打通黑方下二路生命线。第 5 回合，车六平四，车借助兵力，绝杀取胜。

1. 炮八进七　车 2 退 8
2. 车二进三　将 6 进 1
3. 兵三进一　将 6 进 1
4. 车二平四　士 5 退 6
5. 车六平四　（红胜）

偷，偷袭。营，军营，军队驻扎

第 100 局　飞黄结路

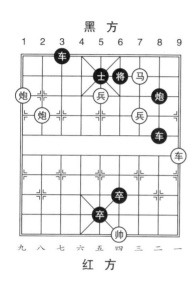

赏析

飞黄，又名乘黄，传说为西周周穆王的八骏神马之一，背有角，善飞驰，乃是马中之王。结，从系，从吉。系，表示与丝线有关，吉，将兵器安放在兵器架上，不用，以减少战争，使人民没有为难，为吉。路，道路，往来通行的地方。本局红方弃车，炮在三路兵的掩护下，以重炮杀取胜。

（一）

1. 车一平四　炮8平6
2. 车四进三　士5进6
3. 炮八平四　士6退5
4. 兵五平四　将6进1
5. 兵三进一　将6退1
6. 炮九平四　（红胜）

（二）

1. 车一平四　炮8平6
2. 炮九进一　将6退1
3. 车四进三　士5进6
4. 炮八平四　士6退5
5. 兵五平四　（红胜）

第101局 震惊百里

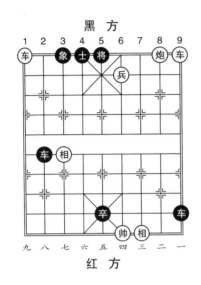

《易经》第51卦,震上震下震惊百里。红方弃右车,炮打底士,一举撕开黑方的防线。

(一)

1. 炮二平六　车9退8
2. 车九平七　车2平3
3. 炮六平一　车3退5
4. 炮一平七　（红胜）

(二)

1. 炮二平六　车9退8
2. 车九平七　车2进4
3. 炮六退九　（红胜）

赏析

震惊百里,指重雷发响,千里传声,有惊无险之象,亦有变动之意。

第 102 局　金门待漏

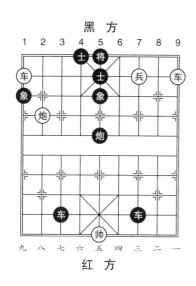

赏析

金门，金马门的简称，西汉汉武帝得到大宛良马，命人铸铜马立于鲁班门外，因此，称为金马门。漏，铜壶滴漏，古代的计时器。待漏，指待到出班早朝。本局红方弃右车，以炮、兵取胜。

（一）

1. 车一进一　象5退7
2. 炮八进三　象1退3
3. 车一平三　士5退6
4. 车三平四　将5平6
5. 兵三平四　将6平5
6. 车九平五　（红胜）

（二）

1. 车一进一　士5退6
2. 车一平四　将5平6
3. 兵三平四　将6平5
4. 炮八平五　士4进5
5. 兵四平五　将5平6
6. 兵五进一　（红胜）

第 103 局　双鹭窥鱼

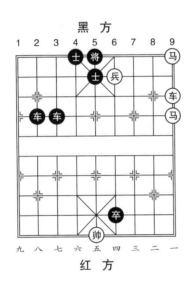

 赏析

鹭，鸟类的一科，翼大尾短，嘴直而尖，颈和腿很长，常见有白鹭、苍鹭、绿鹭等。窥，从小孔或缝里看，指伺机图谋。本局红方双马比喻为双鹭，黑将比喻为鱼，红方弃车后，双马成杀。

1. 兵四进一　将5平6
2. 车一平四　士5进6
3. 后马进二　将6进1
4. 马一退二　（红胜）

第 104 局　径行自遂

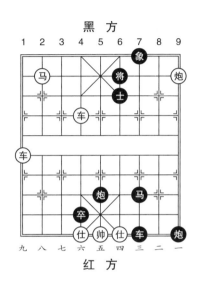

 赏析

径行，直行，任性而行的意思。遂，顺，如意。本局红方弃车，以马、炮取胜。

（一）

1. 车六进二　士6退5
2. 马八退六　炮5退5
3. 车六平五　将6进1
4. 车五退一　象7进5
5. 马六退五　将6退1
6. 马五进三　将6退1
7. 车九进五　象5退3
8. 车九平七　（红胜）

（二）

1. 车六进二　士6退5
2. 马八退六　将6进1
3. 马六退五　将6退1
4. 马五进三　将6进1
5. 车九进三　象7进5
6. 马三进二　（红胜）

第105局　战如烈火

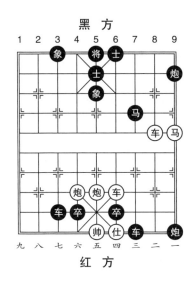

（一）

1. 车四进七　将5平6
2. 车二进四　将6进1
3. 马一进二　将6进1
4. 车二平四　士5退6
5. 炮六进五　象5退7
6. 炮五进五　（红胜）

（二）

1. 车四进七　将5平6
2. 车二进四　象5退7
3. 车二平三　将6进1
4. 马一进二　将6进1
5. 车三退二　将6退1
6. 炮六进六　士5退4
7. 炮五进六　将6退1
8. 车三进二　（红胜）

赏析

战，战争，战事。烈火，猛烈的火。本局红方弃双车，以重炮杀取胜。

第106局　兵马出塞

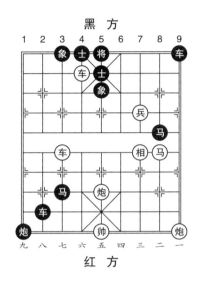

赏析

兵马，士兵和军马，泛指军队。出，从里面到外面。塞，边境上险要的地方。本局红方第4回合，兵三平四，弃兵引离黑方8路马，从而开通了红方二路马的进攻通道。第5回合，车七平四，弃车吸引黑将，使二路马可以照将飞渡。第7回合，车五平四，再次弃车引离黑方底线9路车，调虎离山，使红一路炮可以从边线出击。最终以马、炮取胜。

1. 车六平五　将5平6
2. 车五进一　将6进1
3. 车七进四　将6进1
4. 兵三平四　马8退6
5. 车七平四　将6退1
6. 马二进三　将6进1
7. 车五平四　车9平6
8. 马三进二　将6退1
9. 炮一进八　马6退7
10. 马二退三　将6进1
11. 马三退五　（红胜）

第107局　丹山起凤（甲）

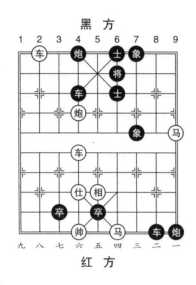

弃车杀象，为运炮照将、抽将选位、借炮使马等战术攻击创造条件。第8回合，相五退三，退相底线，阻断黑车，置换出底线四路马，四路马腾挪进攻，绝杀取胜。符合局名"丹山起凤"。

1. 车八退一　炮4进1
2. 车八平六　车4退1
3. 马一进三　将6平5
4. 车六平五　象7退5
5. 车五进三　象7进5
6. 炮六平五　象5进3
7. 炮五退五　象3退5
8. 相五退三　象5进3
9. 马四进五　象3退5
10. 马五进六　象5进3
11. 马六进五　象3退5
12. 马五进七　（红胜）

 赏析

丹山，产丹砂之山，又称为赤山。凤，百鸟之王，遇之大吉。唐朝张柬之的《东飞伯劳歌》：青田白鹤丹山凤。本局红方第5回合，车五进三，

第108局 争舟走渡

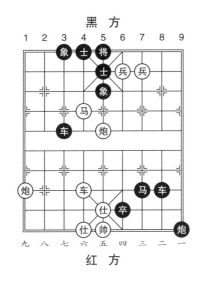

舟，船也，古人言舟，汉人言船。走，往，奔向某地。渡，过河的地方，渡口。本局红方弃双兵，以车、马取胜。

1. <u>兵四进一</u>　　将5平6
2. 兵三平四　　将6平5
3. 兵四进一　　将5平6
4. 车六平四　　将6平5
5. 马六进四　　将5平6
6. 马四退二　　将6平5
7. 马二进三　　（红胜）

赏析

争，为求获得互不相让，争夺。

第109局　欲罢不能

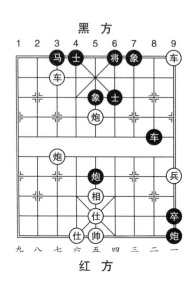

 赏析

　　欲，想。罢，停，歇。欲罢不能，指正在做某事，想要停止却不能停下来。本局红方七路炮先打马，再平三路打象。最终以解杀还杀取胜。

1. 炮七进五　士4进5
2. 炮七平三　车8进5
3. 炮三退九　车8退9
4. 炮三进四　车8平9
5. 炮三平四　将6平5
6. 车七进一　（红胜）

第 110 局　料事多中

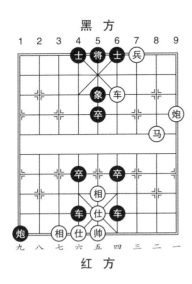

 **赏析**

料事，预测未来的事或处理事务。中，在一定范围内，里面。本局红方的妙手在第 5 回合，炮一平五，既解围了黑方大胆穿心的催杀，又进行了反催杀，一举获得优势。

（一）

1. 车四进二　将 5 进 1
2. 马二进四　将 5 平 4
3. 车四退一　士 4 进 5
4. 车四平五　将 4 进 1
5. 炮一平五　（红胜）

（二）

1. 车四进二　将 5 进 1
2. 马二进四　将 5 平 4
3. 车四退一　士 4 进 5
4. 车四平五　将 4 进 1
5. 炮一平五　卒 6 平 7
6. 炮五平六　车 6 退 5
7. 炮六退五　卒 4 平 3
8. 车五进一　将 4 退 1
9. 车五退二　车 6 进 3
10. 车五退二　炮 1 退 3
11. 仕五进六　卒 3 平 4
12. 车五平六　将 4 平 5
13. 炮六进二　车 6 平 5
14. 仕六退五　炮 1 进 3
15. 车六平九　车 5 平 4
16. 车九退五　（和局）

注：变化（一）为原谱，红胜，有误，参见变化（二）。变化（二）为第 5 回合，黑方选择最顽强的变化，卒 6 平 7，和局。

第 111 局　兴戎出好

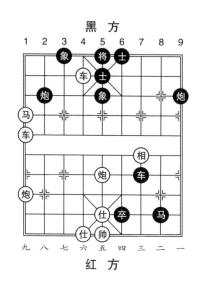

（一）

1. 车六进一　将5平4
2. 车九平六　将4平5
3. 车六进四　将5平4
4. 马九进八　将4平5
5. 炮九进七（红胜）

（二）

1. 车六进一　将5平4
2. 车九平六　炮2平4
3. 马九进八　将4平5
4. 炮九进七　炮4退2
5. 车六进四　（红胜）

赏析

兴戎，发动战争，引起争端。出，超过。好，善，优良，良好。本局红方弃双车后，双炮形成天地炮，最终以双炮、马联攻，绝杀取胜。

第 112 局　飞鲸吞钓

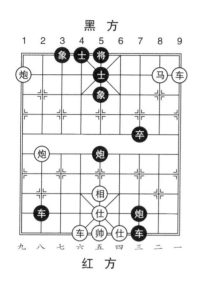

 赏析

飞，疾速。鲸，生长在海洋中的哺乳动物，形状像鱼，胎生，鼻孔在头的上部，用肺呼吸。体长可达30米，是现今世界上最大的动物。吞，咽，不嚼或不细嚼而咽下。钓，钓钩。本局红方运用白马现蹄的杀法，马挂士角，弃马后，以车、双炮绝杀取胜。

（一）

1. 马二退四　士5进6
2. 车六进九　将5平4
3. 炮九进一　象3进1
4. 炮八进五　（红胜）

（二）

1. 马二退四　将5平6
2. 车一平四　将6平5
3. 车四平五　将5进1
4. 炮八进四　（红胜）

第113局 威镇四海

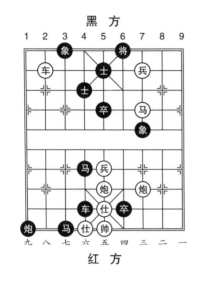

威,凭借力量或势力。镇,以武力维持安定。四海,古代认为中国四境有海环绕,按方位是东海、南海、西海、北海,又指四邻各族居住的地域,《尔雅·释地》:九夷、八狄、七戎、六蛮,谓之四海。本局红方平兵将军,杀入九宫,再弃车,最终以马后炮绝杀取胜。

1. 兵三平四　将6平5
2. 炮五进四　象7退5
3. 兵四平五　士4退5
4. 车八平五　将5平4
5. 车五进一　将4进1
6. 车五平六　将4退1
7. 马三进四　将4进1
8. 炮三进六　(红胜)

第 114 局　践履笃实

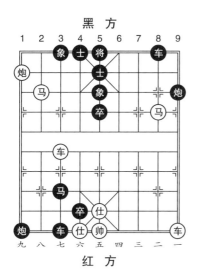

赏析

践履,足踏地的意思,后来引申为行动、实行、实践。笃实,忠诚老实,实在,坚实。本局红方弃车,以马、炮绝杀取胜。

（一）

1. 马二进三　将5平6
2. 车一平四　炮9平6
3. 车四进七　士5进6
4. 马八进六　士4进5
5. 车七进五　将6进1
6. 马六退七　士5退4
7. 车七退一　士4进5
8. 车七平五　将6平5
9. 马七进八　（红胜）

（二）

1. 马二进三　将5平6
2. 车一平四　炮9平6
3. 车四进七　士5进6
4. 马八进六　士4进5
5. 车七进五　将6进1
6. 马六退七　士5退4
7. 车七退一　士6退5
8. 车七平五　将6进1
9. 车五退一　将6退1
10. 马七进八　士4进5
11. 车五进一　将6退1
12. 车五进一　（红胜）

（三）

1. 马二进三　将5平6
2. 车一平四　炮9平6
3. 车四进七　士5进6
4. 马八进六　士4进5
5. 车七进五　将6进1

6. 马六退七　士5退4
7. 车七退一　将6退1
8. 马三退五　士6退5
9. 炮九进一　将6进1
10. 马五退三　将6进1
11. 车七退一　士5进4
12. 车七平六　（红胜）

（四）

1. 马二进三　将5平6
2. 车一平四　炮9平6
3. 车四进七　士5进6
4. 马八进六　士4进5

5. 车七进五　将6进1
6. 马六退七　士5退4
7. 车七退一　将6退1
8. 马三退五　将6平5
9. 炮九进一　士4进5
10. 车七进一　士5退4
11. 车七平六　将5进1
12. 车六退一　将5退1
13. 马五进六　（红胜）

注：变化（一）～（三）为第7回合，黑方选择的三种变化。变化（四）为变化（三）第8回合，黑方选择的另一种变化。

第 115 局　耕莘待聘

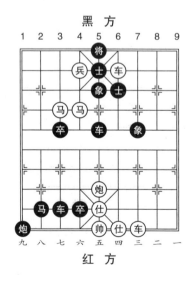

赏析

耕莘，相传伊尹未遇汤时，耕于莘野（有莘国郊野，现今河南省民权县与山东省曹县一带），隐居乐道。伊尹是商朝著名的政治家、思想家，辅助商汤灭夏朝，用以鼎调羹与调和五味的理论治理天下，是中华厨祖，被后人祭祀为商元圣。待聘，等待召聘。本局红方经过一系列的进攻，不断消灭黑方的防守兵力。第12回合，马五进四，将黑方的7路象引离。第13回合，车三进八，参与进攻。最终以炮、双马绝杀取胜。

（一）

1. 兵六进一　将5平4
2. 马七进八　将4平5
3. 马六进七　将5平4
4. 马七退五　将4平5
5. 马五进七　将5平4
6. 车四进一　将4进1
7. 马八退七　将4进1
8. 后马退五　将4退1
9. 马五进七　将4进1
10. 车四平六　士5退4
11. 后马退五　将4退1
12. 马五进四　象7退5
13. 车三进八　士4进5
14. 车三平五　将4退1
15. 车五进一　将4进1
16. 车五平六　将4退1
17. 马七退五　将4进1
18. 马五退七　将4退1
19. 马七进八　（红胜）

（二）

1. 兵六进一　将5平4
2. 马七进八　将4平5
3. 马六进七　将5平4
4. 马七退五　将4平5
5. 马五进七　将5平4
6. 车四进一　士5退6
7. 马七退六　将4进1
8. 马六进八　（红胜）

（三）

1. 兵六进一　将5平4
2. 马七进八　将4平5
3. 马六进七　将5平4
4. 马七退五　将4平5
5. 马五进七　将5平4
6. 车四进一　将4进1
7. 马八退七　将4进1
8. 车四平六　士5退4
9. 后马退五　将4退1
10. 马五进四　象7退5
11. 车三进八　士4进5
12. 车三平五　将4退1
13. 车五进一　将4进1
14. 车五平六　将4退1
15. 马七退五　将4进1
16. 马五退七　将4平5
17. 马七退五　将5平6
18. 炮五平四　将6平5
19. 马四退六　将5退1
20. 马五进四　将5平4
21. 炮四平六　（红胜）

注：变化（一）为原谱。变化（二）为第6回合，黑方选择士5退6的变化。变化（三）为变化（一）第16回合，黑方选择将4平5的变化。

第 116 局　明皇游宫

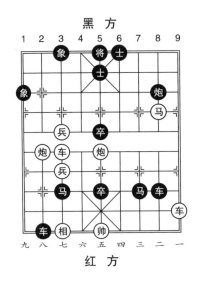

伶官整理曲子，配上舞蹈，这就是闻名后世的《霓裳羽衣曲》。月宫中有横匾，广寒清虚之府，故月宫又称为广寒宫。本局红方第4回合，前兵平六，抽将腾挪，让出车的杀路。第6回合，车七进五，弃车杀象，腾挪出炮位。第7回合，炮六平三，抽将选位，调整炮位。最终以四路马形成八角马，控制黑将，双炮将军绝杀取胜。

1. 马二进四　将5平4
2. 车一平六　士5进4
3. 炮五平六　士4退5
4. 前兵平六　士5进4
5. 兵六平五　士4退5
6. 车七进五　象1退3
7. 炮六平三　士5进4
8. 炮八平六　士4退5
9. 炮三进五　（红胜）

赏析

明皇，指唐玄宗李隆基，其谥号为唐明皇。据《唐逸史》记载，唐朝开元年间，中秋之夜，方士罗公远邀请唐玄宗游月宫，数百仙女翩翩起舞，玄宗看得如痴如醉，回到人间后，令

第 117 局　曲突徙薪（甲）

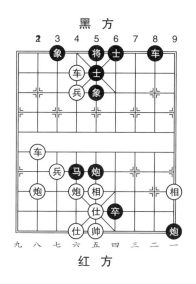

薪，柴草。曲突徙薪，把烟囱建成弯的，把灶旁的柴草搬走，比喻事先采取措施才能防止灾祸。《汉书·霍光传》：曲突徙薪无恩泽，焦头烂额为上客。本局红方平车拦黑车，再以送佛归殿杀法，绝杀取胜。

1. 车八平二　　车8进5
2. 炮八进七　　象3进1
3. 车六进一　　将5平4
4. 兵六进一　　将4平5
5. 兵六进一　　（红胜）

赏析

曲，弯。突，烟囱。徙，迁移。

第118局　多士莫及

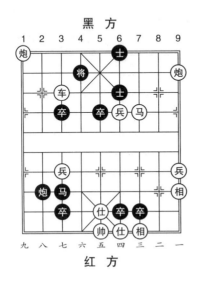

赏析

多士，指众多的贤士，也指百官。莫，不。及，赶上。莫及，赶不上。本局红方并非连杀，轻描淡写的一步炮打士，既缓解了黑方的攻势，又将黑方置于绝境。

（一）

1. 马三进四　士6进5
2. 车七进一　将4退1
3. 炮一平五　将4平5
4. 帅五平六　马3进5
5. 炮五退七　卒6平5
6. 马四进六　炮2退7
7. 马六退八　（红胜）

（二）

1. 车七进一　将4退1
2. 炮九平四　卒6进1
3. 仕五退四　炮2平9
4. 相三进一　将4平5
5. 马三进二　士6退5
6. 炮一进一　（红胜）

（三）

1. 车七进一　将4进1
2. 炮一退一　士6退5
3. 兵四进一　（红胜）

注：变化（一）为原谱。变化（二）同为炮打士，更加简洁、高效。变化（三）为变化（二）的第1回合，黑方选择将4进1的变化。

第 119 局　力敌万人

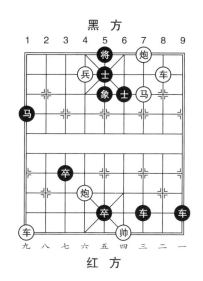

赏析

力，勇力。力敌万人，又称为力

敌万夫，即万人敌，一指兵法，二指勇力可敌万人，多指关羽、张飞等勇将。本局红方车、兵破黑方士、象，兵立花心，控制黑将，红马将军，引离黑方1路马，红九路车进九将军，绝杀取胜。

1. 车二平五　士6退5
2. 兵六平五　将5平4
3. 马三进四　象5退7
4. 马四退六　卒3平4
5. 马六进八　卒4进1
6. 马八退七　马1退3
7. 车九进九　马3退2
8. 车九平八　（红胜）

第 120 局　龟玉毁椟

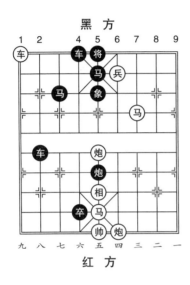

（一）

1. 兵四进一　将5平6
2. 车九平六　马3退4
3. 马三进二　将6进1
4. 炮五平四　炮5平6
5. 前炮平六　炮6平5
6. 炮六进四　（红胜）

（二）

1. 兵四进一　将5平6
2. 马三进二　将6进1
3. 炮五平四　炮5平6
4. 前炮平六　炮6平5
5. 炮六进四　车4进1
6. 车九平四　（红胜）

注：变化（一）为原谱。变化（二）为另一种杀法。

 赏析

　　龟玉，龟甲玉器。毁，破坏、损害。椟，木匣。《论语译注·季氏》：虎兕出于柙，龟玉毁于椟中，是谁之过欤？本局红方弃兵引将，重炮将后，闪炮将军，再以黑方中马为炮架，将军取胜。

第 121 局　柳营射猎

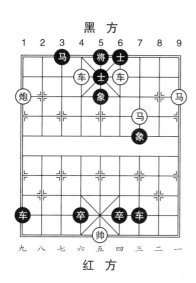

柳营射猎，在军营中打猎。柳营，古代军营对柳树情有独钟，西汉汉文帝时期，太尉周亚夫驻军咸阳细柳，从此，军营泛称柳营。春秋时期，楚国射手养由基身怀绝技，能去柳叶百步而射之，百发而百中，于是百步穿杨，威名远扬。本局红方弃车入局，红帅控制中路，以双马取胜。

（一）

1. 车四进一　将5平6
2. 马三进二　将6平5
3. 马一进三　将5平6
4. 马三退五　将6平5
5. 马五进三　将5平6
6. 马三退四　将6平5
7. 马二退四　将5平6
8. 车六进一　士5退4
9. 前马进二　将6进1
10. 马四进二　（红胜）

（二）

1. 车四进一　将5平6
2. 马三进二　将6平5
3. 马一进三　将5平6
4. 马三退五　将6平5
5. 马五进三　将5平6
6. 车六进一　士5退4
7. 马三退四　将6进1
8. 马四进二　（红胜）

（三）

1. 车四进一　将5平6
2. 马三进二　将6平5
3. 马一进三　将5平6
4. 马三退五　将6平5
5. 马五进三　将5平6

6. 车六进一　将6进1
7. 马二退三　将6进1
8. 车六退二　象7退5
9. 车六平五　（红胜）

注：变化（一）为原谱。变化（二）～（三）更加简洁、高效。

第122局　地富兵强

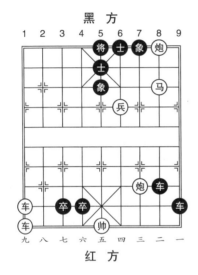

通常用国富兵强。本局红方先后弃前车、马、兵，红帅控制中路，以车海底捞月，绝杀取胜。

1. 前车进八　士5退4
2. 前车平六　将5平4
3. 马二进四　将4平5
4. 车九进九　将5进1
5. 炮三进六　将5平6
6. 兵四进一　将6平5
7. 兵四平五　将5平4
8. 兵五平六　将4进1
9. 车九平六　（红胜）

 赏析

地富兵强，土地富裕，军队强盛。

第 123 局　逢山开路

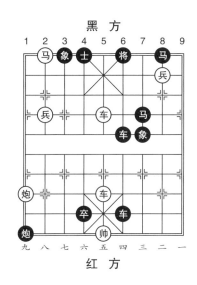

遇水叠桥都是成语，指遇到山则打通道路，遇到水则架起桥梁，比喻不畏艰险，打通前进道路上的重重障碍。明朝罗贯中的《三国演义》第 50 回：军旅逢山开路，遇水叠桥，岂有泥泞不堪行之理。本局红方弃双车，以马、炮双将取胜。

1. 前车平四　　后车退 1
2. 车五进七　　将 6 进 1
3. 兵二平三　　将 6 进 1
4. 车五退二　　象 3 进 5
5. 马八退六　　士 4 进 5
6. 炮九进五　　象 5 进 3
7. 马六退八　　象 3 退 5
8. 马八退六　　（红胜）

逢，遭逢，遇见。逢山开路，与

第 124 局　王俭坠车

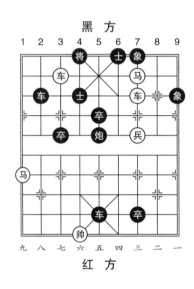

赏析

王俭坠车，与诸渊落水是同源典故。王俭，南北朝时期，南齐名臣，辅佐齐太祖萧道成继位，任尚书仆射，是南朝的文学家、目录学家。《南齐书》：司徒诸渊送湘州刺史王僧虔，阁道坏，坠水；仆射王俭尝牛惊，跌下车。超宗抚掌笑戏曰："落水三公，坠车仆射。"这也就是王俭坠车的由来。本局红方左车跟住黑车，第3回合，马三退五，弃子拦截，隔断黑炮与中士的联系，以下黑方无论象7进

5还是炮5退2，红方均车八平五，再车四进二，绝杀取胜。

（一）

1.	车七平八	车2平1
2.	车三平四	士6进5
3.	马三退五	车5平6
4.	兵三平四	车6进1
5.	帅六进一	炮5退2
6.	车八平五	车6退1
7.	帅六退一	车6退4
8.	车四退二	炮5平6
9.	车四进二	卒7平6
10.	车四进二	（红胜）

（二）

1.	车七平八	车5进1
2.	帅六平五	车2退1
3.	车三平六	车2平4
4.	车六进一	将4进1
5.	兵三平四	炮5平4
6.	马九退七	卒3进1
7.	马七进五	炮4进2
8.	马五进三	将4平5
9.	前马退二	卒3进1

10. 兵四进一	卒 5 进 1	20. 兵五进一	炮 5 进 3
11. 马二进四	炮 4 退 2	21. 后马进六	卒 4 平 5
12. 兵四平五	卒 5 进 1	22. 兵五平六	将 4 平 5
13. 马三进四	炮 4 平 5	23. 马四退三	卒 7 平 6
14. 帅五平六	卒 5 平 4	24. 马六进八	卒 6 平 5
15. 前马进三	将 5 平 4	25. 兵六进一	（红胜）
16. 马三退四	将 4 平 5		
17. 前马进二	将 5 平 4		
18. 兵五进一	将 4 退 1		
19. 马二进四	象 9 退 7		

注：变化（一）为原谱，第 3 回合，马三退五，红胜。现补上余下的回合。变化（二）为第 1 回合，黑方选择最顽强的防守，车 5 进 1。

第 125 局　五虎下川

跟随刘备建立蜀汉政权的五位将军，分别是关羽、张飞、马超、黄忠、赵云。下，由高处往低处，降落。川，平原，平地。本局红方双车、炮、双马五子组合，如同五虎，最终以车、马、炮取胜。

赏析

五虎，又称五虎将，三国时期，

（一）

1. 车二进一　将 6 进 1
2. 马八退七　士 5 进 4
3. 前马进六　士 4 退 5
4. 马六进八　士 5 进 4
5. 车二退一　将 6 退 1
6. 炮九进一　象 5 退 3
7. 马八退七　象 3 进 5
8. 前马进六　象 5 退 3

9. 车二进一　（红胜）

（二）

1. 车二进一　将6进1
2. 马八退七　士5进4
3. 前马进六　士4退5
4. 马六进八　士5退4
5. 车六进二　士6退5
6. 车六平五　将6平5
7. 马七进六　将5平6
8. 马六进七　士4进5
9. 马七退五　士5进4
10. 马八退六　士4退5
11. 马五退三　将6进1
12. 车二平四　（红胜）

注：变化（一）为原谱。变化（二）为五子均参与进攻的变化。

第126局　叶落归秋

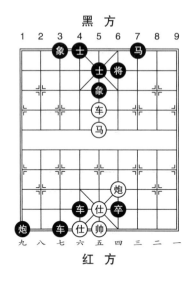

 赏析

叶落归秋，比喻事物有一定的归宿。本局红方车赶黑将入九宫中路，以马后炮绝杀取胜。

1. 车五平四　士5进6
2. 车四平三　将6平5
3. 车三进二　将5退1
4. 马五进四　（红胜）

第127局 雪夜访戴

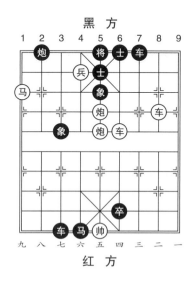

赏析

雪夜访戴,选自南北朝时期,南宋刘义庆的《世说新语》,这是笔记小说,故事介绍了王子猷雪夜访戴安道,未至而返。王曰:"吾本乘兴而行,兴尽而返,何必见戴?"显示了王子猷名士风流,潇洒自适,性情豪放。本局红方弃车、兵,双炮镇守中路,以车、马绝杀取胜。

(一)

1. 车四进四　车7平6
2. 兵六平五　将5平4
3. 兵五平六　将4进1
4. 马九退七　将4退1
5. 马七进八　将4进1
6. 车二进二　车6进1
7. 车二平四　(红胜)

(二)

1. 车四进四　将5平6
2. 车二平四　将6平5
3. 兵六平五　将5平4
4. 兵五平六　将4进1
5. 马九退七　将4退1
6. 马七进八　将4进1
7. 车四进二　(红胜)

第128局　耿恭拜井

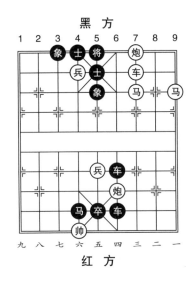

边城，北匈奴兵围疏勒城，耿恭率领数百人坚守半年，城中粮尽水绝。耿恭整衣拜井，为将吏们祈祷，不一会，飞泉涌出。北匈奴认为汉军有神明相助，撤兵而去。本局红方炮控制中路，红车平肋道，绝杀取胜。

1. 兵六平五　　士4进5
2. 车三平五　　将5平4
3. 马三进四　　象5退7
4. 车五平六　　将4平5
5. 马一进三　　后车退5
6. 炮四平五　　将5平6
7. 车六进一　　（红胜）

耿恭，东汉大将，率军驻守西域

第 129 局　凿壁偷光（甲）

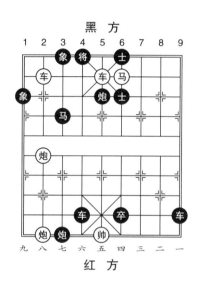

赏析

凿壁偷光，西汉大文学家匡衡年幼时，凿穿墙壁，引邻舍之烛光读书，终成一代文学家。现在形容家贫而读书刻苦的人。本局红方弃车、炮。车、马、炮联攻，最终以白马现蹄杀法，绝杀取胜。

（一）

1. 车八平六　马3退4
2. 前炮进五　马4退2
3. 车五平八　将4平5
4. 炮八进九　车4退8
5. 马四退六　（红胜）

（二）

1. 车八平六　马3退4
2. 前炮进五　马4退2
3. 车五平八　炮5退1
4. 炮八进九　象3进5

（黑胜）

注：变化（一）为原谱红胜。有误，参见变化（二）。变化（二）为第3回合，黑方选择最顽强的防守，炮5退1，红方攻势瓦解，黑胜。原图如果将黑中炮与边象互换位置，则可维持原谱着法。

第 130 局　鸦鹊争巢

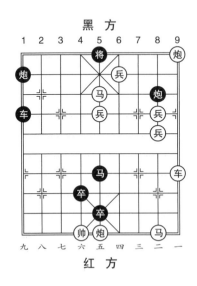

赏析

鸦鹊，乌鸦和喜鹊。巢，高筑在树上，用于下蛋孵蛋的鸟窝。本局红方车、马、炮、兵联攻，取胜。

（一）

1. 马五进四　炮8退2
2. 马四退二　炮8进3
3. 前马进四　炮8退3
4. 马四退二　炮8进4
5. 前马进四　炮8退4
6. 马四退二　炮8进9
7. 炮五进三　将5平4
8. 马二进四　炮8退9
9. 马四退二　将4进1
10. 马二退四　将4进1
11. 炮一退二　炮8进2
12. 马四退五　炮8进3
13. 兵五平六　将4退1
14. 炮五平六　炮8平4
15. 兵六进一　将4退1
16. 兵六进一　将4平5
17. 兵六进一　（红胜）

（二）

1. 马五进四　炮8退2
2. 马四退二　炮8进3
3. 前马进四　炮8退3
4. 马四退二　炮8进4
5. 前马进四　炮8退4
6. 马四退二　炮8进9
7. 炮五进三　将5平4
8. 马二进四　炮8退9
9. 马四退二　将4进1
10. 马二退四　将4进1
11. 炮一退二　炮8进2

12. 马四退五　将4退1
    （黑胜）

（三）

1. 马五进七　将5平4
2. 兵四进一　炮8退2
3. 兵四平五　将4进1
4. 车一进五　炮8进1

5. 车一平二　将4进1
6. 四兵进一　（红胜）

注：变化（一）为原谱，红胜。有误，参见变化（二）。变化（二）为第12回合，黑方选择最佳的防守，将4退1，红方攻势瓦解，黑胜。变化（三）为第1回合，红方选择最佳的变化，马五进七，更加简洁、高效，红胜。

第131局　入幕之宾

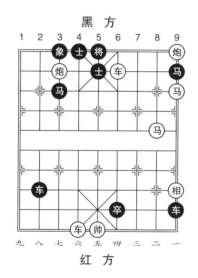

 赏析

幕，帐幕。宾，客人。入幕之宾，比喻关系亲近或参与机密的人。本局红方先弃车，再以马、炮取胜。

（一）

1. 车四进一　将5平6
2. 马二进三　将6平5
3. 马三进二　马9退7
4. 马一进三　将5平6
5. 马二退三　马7进9
6. 前马退五　将6平5
7. 马三进四　将5平6
8. 车六进九　（红胜）

（二）

1. 车四进一　将5平6
2. 马二进三　将6平5
3. 马一进三　将5平6
4. 前马退五　将6平5
5. 马三进四　将5平6

6. 车六进九　（红胜）

注：变化（一）为原谱。变化（二）更加简洁、高效。

第132局　五霸争雄

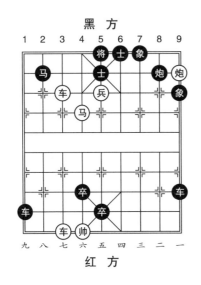

的诸侯国。一种说法是齐桓公、晋文公、秦穆公、宋襄公、楚庄王。另一种说法是齐桓公、晋文公、楚庄王、吴王阖闾、越王勾践。争雄，争强，争胜。本局红方弃兵，以车、马取胜。

1. 马六进四　炮8平6
2. 兵五进一　士6进5
3. 炮一进一　士5退6
4. 前车平五　将5平4
5. 车七进九　将4进1
6. 车五进二　将4进1
7. 车七退二　（红胜）

赏析

五霸，春秋时期，五个势力强大

第133局　六国争雄

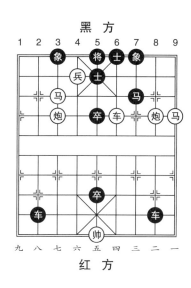

六国，战国时期，除秦国以外的齐国、楚国、燕国、韩国、赵国、魏国，合称六国。六国与秦国以崤山为界，秦国在崤山以西，六国在崤山以东。争雄，争强，争胜。六国争雄，六国与秦国争雄。本局红方弃车，以马、炮取胜。

（一）

1. 车四进三　将5平6
2. 马一进二　将6进1
3. 兵六平五　马7退5
4. 马七进六　（红胜）

（二）

1. 车四进三　将5平6
2. 马一进二　将6平5
3. 兵六进一　士5退4
4. 马二退四　将5平6
5. 炮二平四　（红胜）

第 134 局　沧海腾蛟

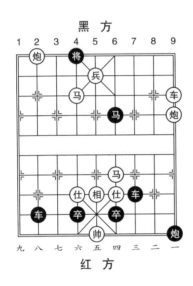

 赏析

沧海，大海，以其一望无际，水深呈青苍色得名；古代对东海的别称。腾，奔跑，跳跃。蛟，即蛟龙，传说中能使洪水泛滥的一种龙。本局红方先弃车、炮，再炮一平六，借将军回打黑卒，而后，借炮使马，绝杀取胜。

（一）

1. 马六进七　车2退8
2. 车一平六　马6退4
3. 炮一平六　马4退3
4. 炮六退五　马3进4
5. 仕六退五　马4进5
6. 马四进六　马5退4
7. 马六进八　马4进2
8. 马八进六　马2退4
9. 马六进四　马4退6
10. 马四进六　（红胜）

（二）

1. 马六进七　车2退8
2. 车一平六　马6退4
3. 炮一平六　马4退3
4. 炮六退五　马3进4
5. 仕六退五　马4进6
6. 马四进六　马6退4
7. 马六进八　马4退2
8. 仕五进六　马2进4
9. 马八进七　（红胜）

第 135 局 竹马迎拜

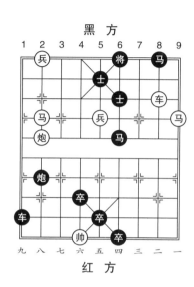

赏析

竹马迎拜，儿童常用竹笋做骑马游戏，因而有青梅竹马之说。后人常用来称颂受人民欢迎的清廉的地方官吏。本局红方马顶住黑马将军，最终以炮、兵取胜。

（一）

1. 马一进二　　将 6 平 5
2. 马八进七　　将 5 平 4
3. 兵八平七　　将 4 进 1
4. 马二退四　　马 6 退 5
5. 炮八进三　　将 4 进 1
6. 兵五平六　　（红胜）

（二）

1. 马一进二　　将 6 平 5
2. 马八进七　　将 5 平 4
3. 兵八平七　　将 4 进 1
4. 马二退四　　士 5 进 6
5. 炮八进三　　将 4 进 1
6. 车二平四　　马 6 退 5
7. 兵五平六　　（红胜）

（三）

1. 马一进二　　将 6 进 1
2. 马八进六　　士 5 进 4
3. 车二平四　　将 6 平 5
4. 炮八平五　　马 6 退 5
5. 兵五进一　　将 5 平 4
6. 马二进四　　将 4 退 1
7. 兵八平七　　（红胜）

第136局　惊鸿整羽

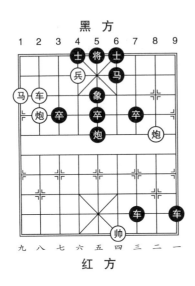

赏析

惊鸿，惊飞的鸿雁。整羽，鸟类整理羽毛的行为，有时是求偶的行为。三国时期，魏国曹植的《洛神赋》：翩若惊鸿，婉若游龙。《诗经·小雅》：鸿雁于飞，肃肃其羽。本局红方先进右炮将军，再以车、马、炮、兵联攻，绝杀取胜。

（一）

1. 炮二进四　士6进5

2. 兵六平五　将5进1
3. 车八进一　将5退1
4. 马九进七　将5平6
5. 马七退五　炮5退2
6. 车八平四　将6平5
7. 炮八进三　士4进5
8. 车四进一　（红胜）

（二）

1. 炮二进四　士6进5
2. 兵六平五　将5进1
3. 车八进一　将5退1
4. 马九进七　将5退1
5. 炮二退一　马6进8
6. 炮八平五　将5平4
7. 马七退六　将4进1
8. 车八退一　将4退1
9. 马六进五　马8退6
10. 车八进一　将4进1
11. 马五进七　象5退3
12. 车八退一　（红胜）

（三）

1. 炮二进四　马6退8
2. 兵六进一　将5平4
3. 车八平六　将4平5

4. 马九进七　将5进1
5. 炮八进二　（红胜）

第137局　匹马平胡

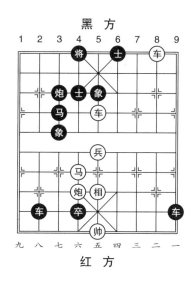

匹马，一匹马，常指单身一人。南宋陆游的《诉衷情》：当年万里觅封侯，匹马戍梁州。平，平定平息。胡，中国古代称北方或西域的民族。匹马平胡，历史上有名的典故是郭子仪单骑平胡。唐朝安史之乱后，回纥与吐蕃大举入侵，郭子仪解甲卸装，单骑赴会，见回纥统帅。回纥将士有感郭子仪大义凛然、诚心和好，罢战退兵。本局红方弃中车，马挂士角取胜。

（一）

1. 马六进五　将4平5
2. 车五进一　炮3平5
3. 马五进四　将5进1
4. 车二退一　（红胜）

（二）

1. 马六进五　士4退5
2. 车五平六　将4平5
3. 车六进三　将5平4
4. 马五进六　（红胜）

（三）

1. 马六进五　士4退5
2. 车五平六　炮3平4
3. 车二平四　士5退6
4. 车六平七　将4平5
5. 马五进六　将5进1
6. 车七进二　（红胜）

147

第138局　群雄割据

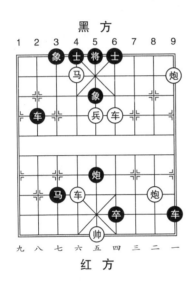

黑方

红方

赏析

群雄割据，一些手上掌握一定势力的豪杰，以武力占据部分地区，在一个国家内形成分裂对抗的局面。本局红方借马后炮将军，先弃边炮，再调整马位，最终以车、马、炮、兵联攻，取胜。

（一）

1. 马六退四　将5进1
2. 马四进二　车9退7
3. 车六进六　将5平4
4. 车四进二　士4进5
5. 马二进四　将4进1
6. 炮二进五　象5进3
7. 车四退一　象3进5
8. 车四平五　（红胜）

（二）

1. 马六退四　将5进1
2. 马四进二　车9退7
3. 车六进六　将5平4
4. 车四进二　将4进1
5. 炮二进五　象5进3
6. 兵五进一　将4平5
7. 马二退四　（红胜）

第139局　并驾连驱

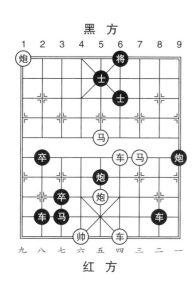

赏析

连，即古文的辇，古代用人拉着走的车子，多指天子或王室坐的车子。并驾连驱，即并驾齐驱，并排套着的几匹马一齐快跑，比喻彼此的力量或才能不分上下。本局红方弃双车破士，最终以双炮、双马绝杀取胜。

（一）

1. 前车进三　士5进6
2. 车四进七　将6平5
3. 车四平五　将5平6
4. 车五进二　将6平5
5. 马五进四　将5平6
6. 炮五平四　炮5平6
7. 马四进六　将6平5
8. 马六进八　将5进1
9. 马八退七　将5退1
10. 马七进六　将5进1
11. 马三进四　（红胜）

（二）

1. 前车进三　士5进6
2. 车四进七　将6平5
3. 车四平五　炮5退4
4. 马五进四　将5平6
5. 炮五平四　（红胜）

第140局　引龙出水

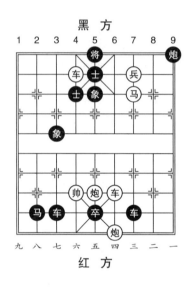

赏析

引，迎接。龙，古代传说中善变化，能兴雨利万物的神异动物。引龙，民间的习俗，农历二月二，龙抬头，喜迎龙。出水，出现于水面。本局红方以弃车拉开进攻的序幕，最终以车、马、炮、兵联攻，取胜。

（一）

1. 车四进七　将5平6
2. 兵三进一　将6进1
3. 马三退四　车7平6
4. 马四进五　车6进1
5. 马五退三　将6进1
6. 马三退五　将6退1
7. 马五进六　象3退5
8. 车六平五　将6进1
9. 马六退五　（红胜）

（二）

1. 车四进七　将5平6
2. 兵三进一　将6进1
3. 马三退四　车7平6
4. 马四进五　车6平7
5. 炮五平四　车7平6
6. 马五退三　将6进1
7. 前炮平五　车6平5
8. 马三退五　将6退1
9. 马五进六　象3退5
10. 车六平五　将6进1
11. 马六退五　（红胜）

第 141 局　细柳屯兵

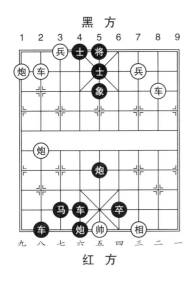

细柳，古地名，现今陕西省咸阳西南，渭水北岸。西汉汉文帝时期，太尉周亚夫驻军咸阳细柳，军纪严明，治军有方，取得胜利。屯兵，驻扎军队。本局红方弃双车，第 5 回合，车八平五，精妙之着是红方再次弃车砍士后，黑方被迫以 4 路士吃车，中士被红炮当作炮架所用，红方重炮绝杀取胜。

1. 车二进二　象 5 退 7
2. 车二平三　士 5 退 6
3. 车三平四　将 5 平 6
4. 兵三平四　将 6 平 5
5. 车八平五　士 4 进 5
6. 炮八平五　士 5 退 4
7. 炮九平五　（红胜）

第 142 局　七国连衡

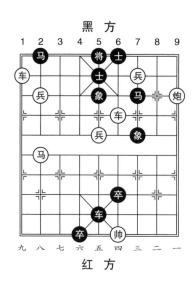

赏析

七国，战国时期，七个最强大的诸侯国，即齐国、楚国、燕国、韩国、赵国、魏国、秦国。衡，古通横，纵横的意思。连衡，战国时期，张仪提出的外交策略，即六国分别与秦国结盟，这种东西向的联合，称为连衡。本局红方第 2 回合，车九平五，平中砍士，一举获胜。

（一）

1. 炮一进二　　象 5 退 7
2. 车九平五　　将 5 进 1
3. 车四进二　　将 5 进 1
4. 马八进七　　将 5 平 4
5. 车四平六　　马 2 进 4
6. 兵八平七　　（红胜）

（二）

1. 炮一进二　　象 5 退 7
2. 车九平五　　将 5 进 1
3. 车四进二　　将 5 退 1
4. 车四进一　　将 5 进 1
5. 兵三平四　　将 5 进 1
6. 马八进七　　将 5 平 4
7. 车四平六　　马 2 进 4
8. 兵八平七　　（红胜）

第 143 局　见害必避

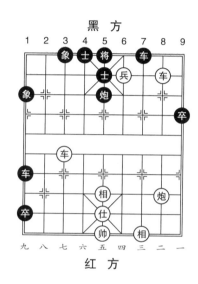

趋向有利的一面，避开有害的一面。本局红方利用兵占住四路，二路车可以随时下底线，绝杀黑方，而黑方7路车不敢轻易离开底线，红方车七平三献车，而后，二路车平三，形成霸王车，强行冲下底线兑车，最终以车、炮、兵绝杀取胜。

1. 车七平三　　车7平9
2. 车二平三　　士5退6
3. 前车进一　　车9平7
4. 车三进五　　士4进5
5. 炮二进七　　将5平4
6. 兵四平五　　车1平6
7. 车三平四　　（红胜）

 赏析

见害必避，与趋利避害同义，即

第144局　清门缵戎

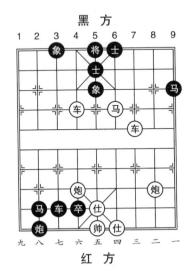

缵戎，继承帝业。本局红方第1回合，车六进三，献车，引离黑方中士。再平二路炮于中路，以车、双炮、马联攻，取胜。

1. 车六进三　士5退4
2. 炮二平五　象5进3
3. 车三平五　象3退5
4. 车五进二　士6进5
5. 车五进一　将5平6
6. 炮五平四　（红胜）

清门，寒素之家，清贵的门第。

第 145 局　开门待战

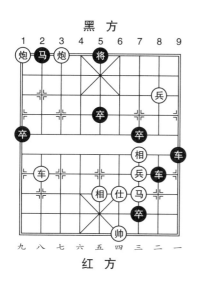

 赏析

开门待战，打开城门，准备迎战。本局红方回炮，在中路组织进攻，以车纵向进攻，绝杀取胜。

1. 炮七退五　马2进3
2. 炮七平五　将5平4
3. 车八平六　马3进4
4. 车六进二　（红胜）

第 146 局　远猎山林

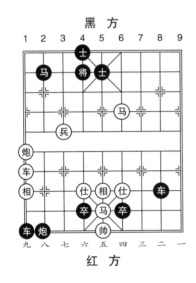

远，远方。猎，打猎。山林，有山有树木的地方。本局红方炮回打双卒获胜。第 4 回合，兵七平六，平兵照将，与下一步的平兵抽将，都是重要的顿挫战术，为而后的炮、兵巧杀，埋下伏笔。第 6 回合，马四进六，弃马吸引黑将上山顶，才有红炮借照将回打黑双卒的妙手。最终以炮、兵绝杀取胜。

1. 车九平六　　马 2 进 4
2. 车六进四　　士 5 进 4
3. 炮九平六　　士 4 退 5
4. 兵七平六　　士 5 进 4
5. 兵六平五　　士 4 退 5
6. 马四进六　　将 4 进 1
7. 炮六退三　　将 4 平 5
8. 兵五进一　　将 5 平 6
9. 炮六平四　　（红胜）

第147局　烧牛凿城

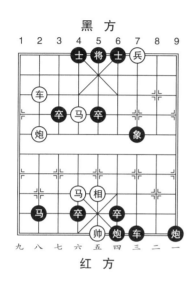

赏析

烧牛，火牛阵。凿，挖掘、开凿。城，城墙。烧牛凿城，战国后期，燕军攻破齐国。齐将田单乘敌松懈，在千余头牛角上绑上兵刃，牛尾绑上苇草，并灌上油，夜间凿穿城墙，点燃牛尾，使牛猛冲燕军，以5000名勇士随后冲杀，大败燕军，收复70多座城池。本局红方弃车吸引黑士，作为红炮炮架，借炮使马，不断消灭黑方的防守子力，马跳到四路八角马的位置，控制住黑将，置换出七路马参与进攻，最终以马绝杀取胜。

1. 车八平五　士4进5
2. 前马进七　将5平4
3. 车五平六　士5进4
4. 炮八平六　士4退5
5. 炮六退四　士5进4
6. 马六退八　士4退5
7. 马八进六　士5进4
8. 马六进八　士4退5
9. 马八进六　士5进4
10. 马六进七　士4退5
11. 后马退六　士5进4
12. 马六进五　士4退5
13. 马五退六　士5进4
14. 马六进四　士4退5
15. 马四进六　士5进4
16. 马六进四　士4退5
17. 马七退六　士5进4
18. 马六退八　士4退5
19. 马八进七　（红胜）

第 148 局　拨乱反正

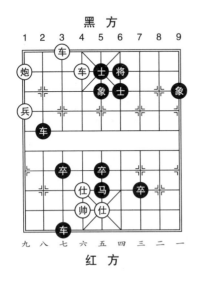

恢复正常的秩序，扭转乱象，归于正道。本局红方第 5 回合，车八平五，占据中路。第 8 回合，炮九平七，令黑方无法防守，妙手取胜。

1. 车六退三　士 5 进 4
2. 车七退一　士 6 退 5
3. 车六平八　将 6 退 1
4. 车八进四　将 6 进 1
5. 车八平五　将 6 进 1
6. 车七退二　象 5 进 3
7. 车七平四　将 6 平 5
8. 炮九平七　车 3 退 1
9. 帅六退一　车 3 平 4
10. 帅六进一　卒 3 平 4
11. 炮七退一　（红胜）

拨，治理。乱，乱世。反，通返，恢复。拨乱反正，消除混乱的局面，

第 149 局　腾蛟起凤

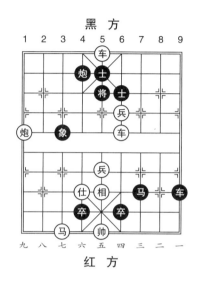

腾蛟起凤，孟学士之词宗。本局红方弃双车，将黑将引入山顶，并将黑象引入中路，堵塞黑将逃生通路，而后，弃兵换得黑炮作为炮架，红炮照将后，七路马跃出，借炮使马，绝杀取胜。

1. 兵四平五　将5平4
2. 车四进二　士5进6
3. 车五退二　象3退5
4. 前兵平六　炮4进2
5. 炮九平六　炮4平5
6. 炮六退四　炮5平4
7. 仕六退五　炮4平5
8. 马七进六　炮5平4
9. 马六进七　炮4平5
10. 马七进六　（红胜）

 赏析

蛟，蛟龙。凤，凤凰。腾蛟起凤，宛如蛟龙腾跃，凤凰起舞。形容人很有文采。唐朝王勃的《滕王阁序》：

第 150 局　吕帅鹰扬

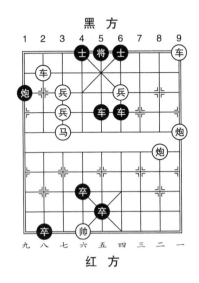

吕帅，吕布，东汉末年著名的历史人物，其勇冠三军，有人中吕布、马中赤兔之说。鹰扬，像鹰那样飞扬。吕帅鹰扬，四大名著《三国演义》中，曹操评价吕布，对吕布更像是养鹰，饿时可以利用，而当它吃饱了，却会自顾飞去。本局红方弃车、兵，以边炮、马、兵绝杀取胜。

1. 炮二进五　士6进5
2. 炮二退一　士5退6
3. 车八平五　将5进1
4. 兵四进一　将5平6
5. 炮一进三　将6进1
6. 车一平四　将6平5
7. 前兵平六　将5平4
8. 兵七平六　将4平5
9. 兵六进一　（红胜）

第151局　虏马饮江

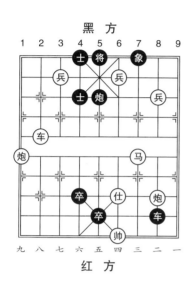

赏析

虏，中国古代对北方少数民族的贬称。饮江，饮马长江，在长江边给战马喝水，指渡江南下进行征伐。南北朝时期，北魏太武帝拓跋焘南下攻宋，鲜卑铁骑饮马长江，在江苏的盱眙城下惨败。先是童谣云："虏马饮江水，佛狸死卯年。"（《资治通鉴·宋纪》）本局红方弃双兵，以车、马、炮、兵取胜。

（一）

1. 炮九进五　士4进5
2. 车八进四　士5退4
3. 车八退一　士4进5
4. 兵七进一　士5退4
5. 兵四进一　将5平6
6. 兵七平六　炮5退2
7. 兵六平五　将6平5
8. 车八进一　将5进1
9. 马三进四　将5平6
10. 马四进六　将6进1
11. 炮九退二　象7进5
12. 兵二平三　将6退1
13. 兵三进一　将6进1
14. 马六退五　（红胜）

（二）

1. 炮九进五　士4进5
2. 车八进四　士5退4
3. 车八退一　士4进5
4. 兵七进一　士5退4
5. 兵四进一　将5平6
6. 兵七平六　炮5退2
7. 兵六平五　将6平5
8. 车八进一　将5进1
9. 马三进四　将5平6
10. 马四进六　将6平5
11. 马六进七　将5平6

12. 车八退一　将6进1
13. 兵二平三　将6平5
14. 车八平五　（红胜）

（三）

1. 仕四退五　炮5平6
2. 炮九平五　卒4平5
3. 车八平五　士4进5
4. 车五进三　将5平4
5. 兵七平六　（红胜）

（四）

1. 仕四退五　车8平5
2. 兵四进一　将5进1
3. 炮九进四　（红胜）

注：变化（一）为原谱。变化（二）为第11回合，红方选择的变化，马六进七。变化（三）～（四）更加简洁、高效。

第152局　江心下钓

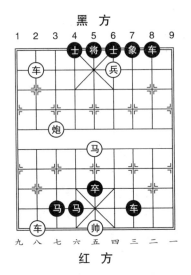

江心，江中央，相对江边而言。

下，放入，投入。钓，钓饵。通常钓鱼都在江边，江心水流湍急，不宜下钓。本局红方先后车、兵立花心，符合局名"江心下钓"，通过弃车、兵，最终以车、马、炮取胜。

1. 前车平五　士4进5
2. 车八进九　士5退4
3. 兵四平五　将5进1
4. 马五进四　将5退1
5. 炮七进四　士4进5
6. 炮七退二　士5退4
7. 马四进六　将5进1
8. 车八退一　（红胜）

第 153 局　死敌为忠

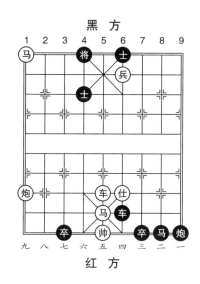

忠，尽己心力以奉公、任事、对人之美德。本局红方弃车后，九路马卧槽，将黑将引入 4 路，而后，借炮使马，绝杀取胜。

1. 车五进七　将 4 平 5
2. 马九退七　将 5 平 4
3. 炮九平六　士 4 退 5
4. 马五进六　士 5 进 4
5. 马六进七　士 4 退 5
6. 后马进六　（红胜）

 赏析

死敌，尚且死战。为，表目的。

第154局　外攘四夷

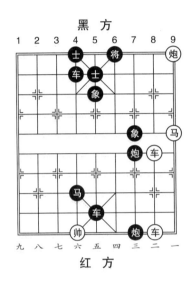

 赏析

外攘,对外抵御敌人。四夷,古代华夏对四方少数民族的通称,即东夷、南蛮、北狄、西戎。本局红方弃双车,以马后炮取胜。

（一）

1. 前车进五　将6进1
2. 后车进八　将6进1
3. 后车退一　将6退1
4. 前车退一　将6退1
5. 后车平四　士5进6
6. 车二进一　象5退7
7. 车二平三　将6进1
8. 马一进二　将6平5
9. 车三平五　将5退1
10. 马二进三　（红胜）

（二）

1. 前车进五　象5退7
2. 前车平三　将6进1
3. 车二进八　将6进1
4. 车二退一　将6退1
5. 马一进三　后炮退2
6. 车三退一　将6退1
7. 车二进二　（红胜）

第 155 局　足蹑天窟

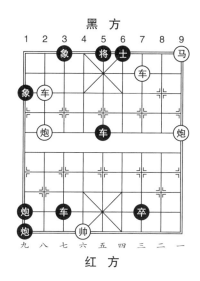

三平六，平车左肋，腾出马的进攻通路，为马卧槽埋下伏笔。最终以马、炮取胜。

（一）

1. 车八平五　象3进5
2. 车三平六　士6进5
3. 炮八进四　士5进6
4. 马一退三　将5平6
5. 车六进一　将6进1
6. 炮一进三　（红胜）

（二）

1. 车八平五　象3进5
2. 车三平六　车5平7
3. 炮八平五　象5退7
4. 炮一进三　车3退4
5. 马一退三　车7退3
6. 车六平五　（红胜）

赏析

　　足，脚。蹑，踩踏，有意识地踩踏。天，人的头顶，又指天帝、上天、君主。窟，洞穴狭小，人在里面只能弯曲着身子呆着的地方。本局红方第1回合，车八平五，利用黑方局面的弱点，弃车遮住黑将。第2回合，车

第156局　三献刖足

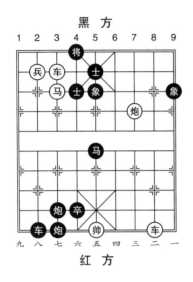

 赏析

献，恭敬庄严地送给。刖足，古代的一种酷刑，指砍去受罚者的左脚、右脚或双脚。三献刖足，春秋时期，

楚国人卞和发现一块极好的玉璞，先献给楚厉王，被误以为欺诈，刖去左足。楚武王继位，卞和再次献玉，又被同样原因刖去右足。楚文王继位，卞和抱着玉璞在楚山下痛哭，楚文王命人剖验，果然得到一块美玉，这块美玉就是和氏璧。本局红方先弃车，再弃炮，三弃底车，符合局名"三献刖足"，最终以马、兵取胜。

1. 车二进九　象9退7
2. 车二平三　象5退7
3. 车七进一　将4进1
4. 炮三平六　马5退4
5. 车七平六　士5退4
6. 马七进八　后炮退8
7. 兵八平七　（红胜）

第157局 指鹿道马

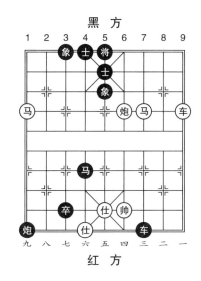

指鹿道马,又名指鹿为马,指着鹿,说是马,比喻故意颠倒黑白,混淆是非。最有名的典故是秦朝的赵高指鹿为马。本局红方第4回合,车一平三,跟着黑车,这是献子,迫使黑7路车回防,吃红车,而后,马后炮将军,再运用双将杀法,马五进三,阻挡住黑车,为炮五平九,绝杀黑方赢得一步。

1. 车一进三　士5退6
2. 炮四平五　象5退7
3. 马三进五　士4进5
4. 车一平三　车7退9
5. 马五进三　将5平4
6. 马九进八　将4进1
7. 炮五平九　车7进1
8. 炮九进二　(红胜)

第158局 暴虎凭河

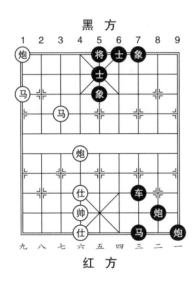

 赏析

暴虎，空手搏虎。凭河，涉水过河。暴虎凭河，又名暴虎冯河，古代冯通凭。比喻有勇无谋，冒险行动。本局红方弃炮，引蛇出洞，将黑将引入4路，再以双马联攻，取胜。

1. 炮六进五　将5平4
2. 马九进八　象5退3
3. 马八退七　将4进1
4. 前马退九　将4进1
5. 马九进八　（红胜）

第159局　前后绝伦

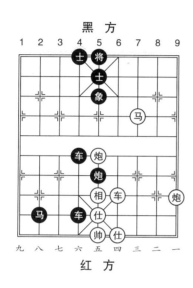

前后，事物的前边和后边，也表示时间的先后，即从开始到结束的一段时间。绝伦，无与伦比，事物的状态或形态绝无仅有。本局红方弃车将黑将引入6路线，再以马将军，形成马后炮。当黑方平炮6路进行阻拦时，红方五路炮平四，再次形成马后炮。当黑4路车平6，吃红四路前炮，红后炮进二，吃黑车，最终以马后炮绝杀取胜。

1. 车四进七　将5平6
2. 马三进二　将6平5
3. 马二退四　将5平6
4. 炮一平四　炮5平6
5. 炮五平四　后车平6
6. 炮四进二　（红胜）

第160局 倚闾望子

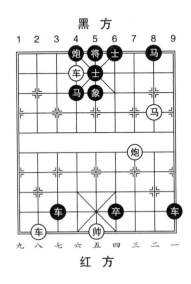

倚,靠着。闾,古代二十五家为

一闾,这里指里巷的大门,人聚居处。倚闾望子,又名倚闾而望,靠着里巷的大门向远处眺望,形容父母盼子女归来的迫切心情。本局红方先弃炮,一是引离黑方中象,便于借助红帅助攻,二是蹩住黑方8路马的马腿。第3回合,车六进一,弃车将黑将引入4路,最终以车、马绝杀取胜。

1. 炮三进五　象5退7
2. 马二进四　马4退6
3. 车六进一　将5平4
4. 车八进九　车3退8
5. 车八平七　（红胜）

第161局 远害全身

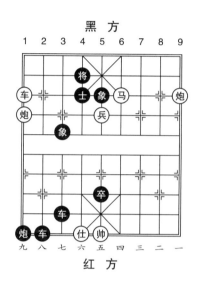

赏析

　　远害全身，促使自身，远离祸害。本局红方平炮将军后，再弃车将黑将引入山顶险地，而后，兵在马、炮的配合下，绝杀取胜。

1. 炮九平六　士4退5
2. 车九平六　将4进1
3. 兵五进一　将4退1
4. 兵五平六　（红胜）

第162局 朱云折槛

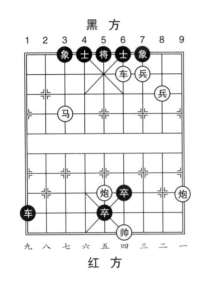

朱云,汉朝名臣,西汉汉成帝时,任槐里令。折槛,折断栏杆。《汉书·朱云传》的典故中,朱云上书进谏,斥责朝臣尸位素餐,请汉成帝斩佞臣张禹(汉成帝的师傅),汉成帝大怒,欲诛杀朱云,朱云攀折殿槛。汉成帝后来醒悟,保留折坏的殿槛,以表彰忠直的贤臣。本局红方弃车引将,将黑将引入6路,再以炮、兵取胜。

1. 马七进五　士4进5
2. 车四进一　将5平6
3. 兵三进一　将6进1
4. 马五退三　将6进1
5. 炮一进五　(红胜)

第163局　选将练兵

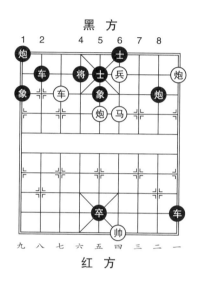

赏析

选将，选拔将帅，《六韬·龙韬篇》中的选将八征，即考察辞、变、诚、德、廉、贞、勇、态等，八征皆备，则贤，不肖别矣。练兵，训练士兵。本局红方弃车、兵，以马后炮取胜。

（一）

1. 车七平六　将4进1
2. 炮五平六　将4退1
3. 兵四平五　将4退1
4. 马四进六　车2平4
5. 兵五平六　将4平5
6. 炮六平五　象5退7
7. 炮一平五　炮8平5
8. 兵六进一　将5平4
9. 后炮平六　（红胜）

（二）

1. 车七平六　炮8平4
2. 兵四平五　将4退1
3. 炮五平六　炮4平3
4. 马四进六　车2平4
5. 兵五平六　将4平5
6. 炮六平五　象5退7
7. 炮一平五　象7进5
8. 兵六进一　将5平4
9. 后炮平六　（红胜）

第 164 局　凿壁偷光（乙）

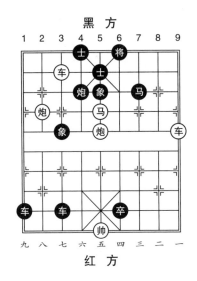

赏析

凿壁偷光，西汉时期，大文学家匡衡的典故。匡衡年幼时，凿穿墙壁，借邻居家的烛光读书，终成一代文学家。现在形容家贫而读书刻苦的人。本局红方先兑马，让开炮路，再弃双车，以重炮绝杀取胜。

1. 马五进三　炮4平7
2. 车一平四　炮7平6
3. 车四进二　士5进6
4. 车七平四　将6进1
5. 炮八平四　士6退5
6. 炮五平四　（红胜）

注：本局与第129局同名，本局是重炮杀，第129局是白马现蹄杀。

第165局 遇水叠桥（乙）

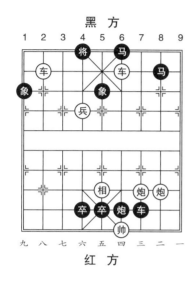

遇，碰到。遇水叠桥与逢山开路同是成语，指遇到山则打通道路，遇到水则架起桥梁，比喻不畏艰险，打通前进道路上的重重障碍。明朝罗贯中的《三国演义》第50回：军旅逢山开路，遇水叠桥，岂有泥泞不堪行之理。本局红方先弃炮引离黑车，再飞起中相，这招将军脱袍，既拦截了黑车，又让出了红炮进攻的通道。最终以臣压君杀法，绝杀取胜。

1. 炮三进七　车7退8
2. 相五进三　车7进4
3. 炮二平六　车7平4
4. 兵六进一　卒5进1
5. 帅四进一　卒4平5
6. 帅四平五　车4进3
7. 兵六进一　马6进4
8. 车四平六　车4退6
9. 车八进一　象1退3
10. 车八平七　（红胜）

注：本局与第45局同名。

第166局 立倾敌国

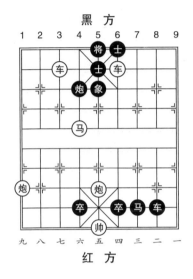

或者男人应当顶天立地，承担起责任。倾，用尽，竭尽。敌国，相当于一国，可以和国家相匹敌。本局红方弃车，以马、炮双将杀法取胜。

1. 车七进一　炮4退2
2. 车七平六　将5平4
3. 车四进一　将4进1
4. 炮九平六　士5进4
5. 车四退一　将4退1
6. 马六进七　（红胜）

立，笔直地站立，指成家立室，

第 167 局　功成略地

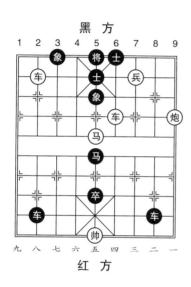

（一）

1. 炮一进三　　车 8 退 8
2. 车八平五　　将 5 进 1
3. 车四进二　　将 5 退 1
4. 车四进一　　将 5 进 1
5. 车四退一　　（红胜）

（二）

1. 炮一进三　　象 5 退 7
2. 车四进三　　士 5 退 6
3. 马五进四　　将 5 平 4
4. 车八平六　　（红胜）

赏析

功成，功绩，事情、事业的成功。略地，占领土地，侵占土地。本局红方先弃一车，以车、马、炮取胜。

第168局 疾如激电

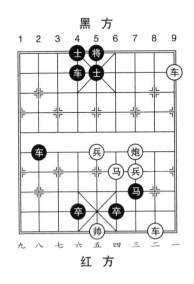

本局红方进二路车将军，吸引黑士作为炮架，红炮将军后，回打黑马，而后，从中路进攻，最终以车、马、炮取胜。

1. 车二进九　士5退6
2. 炮三进五　士6进5
3. 炮三退七　士5退6
4. 炮三平五　士4进5
5. 车二平四　将5平6
6. 车一进一　将6进1
7. 炮五平四　士5进6
8. 马四进三　士6退5
9. 马三进五　将6进1
10. 车一退二　（红胜）

 赏析

疾，快速，迅速。激电，闪电。

第 169 局　阴陵失道

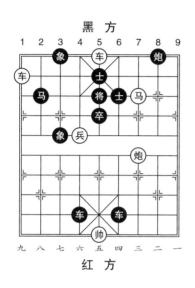

阴陵，现今安徽省定远县西北。楚汉战争时期，项羽兵败垓下，率领数百骑兵渡过淮水，逃至阴陵，迷失道路，问路田父，田父说，左边。项羽于是深陷大泽之中。这是历史上有名的失道寡助的典故。北宋许彦国的《虞美人·草行》：刚强必死仁义王，阴陵失道非天亡。本局红方先后以兵、车塞住象眼，取胜。

（一）

1. 马三进四　将5平4
2. 兵六进一　车4退5
3. 车九平六　马2退4
4. 炮三进三　（红胜）

（二）

1. 马三进四　将5平4
2. 兵六进一　车4退5
3. 车九平六　将4退1
4. 车五平六　将4退1
5. 炮三进五　（红胜）

第170局　面缚自首

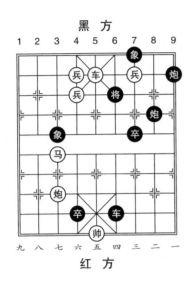

 赏析

面缚，双手反绑于背而面向前，古代用以表示投降。自首，自行投案，承认罪责。本局红方先弃车、兵，以马、炮取胜。

1. 车五平四　炮9平6
2. 后兵平五　象3退5
3. 马七进六　炮8平5
4. 炮七进五　（红胜）

第 171 局　赢缩无常

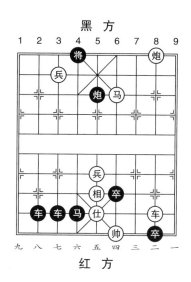

赏析

赢缩，进退，长短，过和不及，引申指人生遭遇之荣辱。无常，佛教术语，指生灭变化不定。本局红方七路兵控制黑将，马后炮在底线将军，迫使黑炮只能垫炮阻隔，红方借炮使马，黑炮在吃尽红方中路三子，兵、相、仕后，红方弃车砍马，既解将还将，又通过退马中路，闷杀取胜。

1. 马四进三　炮5退2
2. 马三退五　炮5进6
3. 马五进三　炮5退6
4. 马三退五　炮5进7
5. 马五进三　炮5退7
6. 马三退五　炮5进8
7. 马五进三　炮5退8
8. 车二平六　车3平4
9. 马三退五　（红胜）

第172局　动行网罗

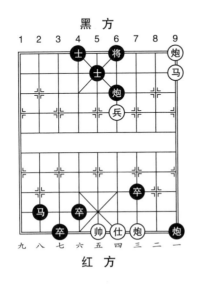

捕捉鱼鸟的器具，比喻法令、法网、搜求、罗致。本局红方借炮使马，迫使黑方垫炮阻塞，当黑炮吃尽红方四路的兵、仕，红方底线三路炮平七打卒，既解将还将，又通过退马四路，闷杀取胜。

1. 马一退三　将6平5
2. 马三进二　炮6退2
3. 马二退四　炮6进3
4. 马四进二　炮6退3
5. 马二退四　炮6进9
6. 马四进二　炮6退9
7. 炮三平七　卒4进1
8. 帅五进一　炮9平3
9. 马二退四　（红胜）

 **赏析**

动行，施行，走动，行动。网罗，

第173局 水枯见鱼

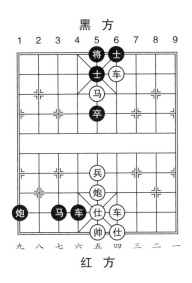

 赏析

枯，失去水分，水全没有了。见，通现，出现，显露。本局红方先弃车，再将中路马跳到高钓马的位置，以侧面虎的杀法，控制黑将，最终以车、马绝杀取胜。

1. 前车进一　士5退6
2. 车四进八　将5进1
3. 车四平五　将5平4
4. 马五退七　将4进1
5. 车五平六　（红胜）

第174局　三气周瑜

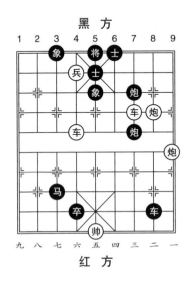

隶属江东孙权集团，曾率军与刘备联合，在赤壁之战中，大败曹操，由此，奠定三分天下的局面。三气周瑜是明朝罗贯中的《三国演义》叙述的故事，包括曹仁大战东吴兵，孔明一气周公瑾；玄德智激孙夫人，孔明二气周公瑾；曹操大宴铜雀台，孔明三气周公瑾。本局红方先后弃兵、车，以天地炮杀法取胜。

1. 炮一进五　后炮退2
2. 兵六进一　士5退4
3. 车六进四　将5平4
4. 车三平六　将4平5
5. 炮二平五　（红胜）

周瑜，字公瑾，东汉末年名将，

第175局 四面旋绕

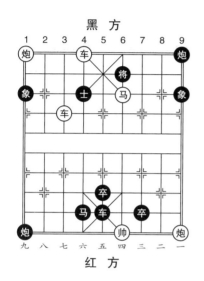

方回马倒钩将军,在车、炮的配合下,环绕着黑将,不断地将军,最终以马、炮取胜。

1. 车七进二　士４退５
2. 车七平五　将６平５
3. 马四退六　将５进１
4. 马六退四　将５退１
5. 马四进三　将５进１
6. 马三进四　将５退１
7. 车六退一　将５退１
8. 炮一进九　象９退７
9. 马四退三　象７进５
10. 车六平五　将５平４
11. 马三进四　象５退７
12. 马四退六　象７进５
13. 马六进八　炮１退９
14. 马八退七　（红胜）

赏析

　　四面,东、南、西、北四个方面。旋绕,环绕,作涡旋状地缠绕或转动。本局红方第２回合,车七平五,弃车引将,由此红马摆脱黑将的牵制,红

第176局　送往迎来（甲）

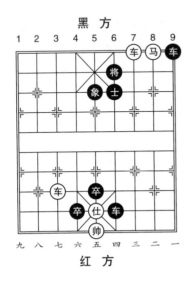

 赏析

送往迎来，走的欢送，来的欢迎。形容忙于应酬。《庄子·山木》：其送往而迎来，来者勿禁，往者勿止。本局红方运用拔簧马，借马将军，回车抽黑车。第4回合，仕五退四，黑方已无任何反击或防御手段，缺士怕双车，红方利用黑方单士的弱点，双车联攻，取胜。

（一）

1. 车七进六　士6退5
2. 车三退八　将6退1
3. 车三平四　将6平5
4. 仕五退四　车9平8
5. 车七平八　象5退3
6. 车八进一　士5退4
7. 车四平六　（红胜）

（二）

1. 车七进六　士6退5
2. 车三退八　将6退1
3. 车三平四　将6平5
4. 仕五退四　车9平8
5. 车四平六　车8进4
6. 车六进七　将5平6
7. 车七进一　将6进1
8. 车七平五　（红胜）

（三）

1. 车三平五　车9平8
2. 车七进六　士6退5
3. 车五退一　将6退1

（黑胜）

注：变化（一）为原谱。变化（二）为谢侠逊评校版。变化（三）为红方选择不恰当的变化，导致无后继攻击手段，告负。

第177局 声势相倚

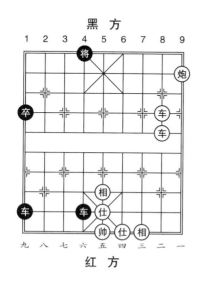

相互，交互。倚，靠着。本局红方第1回合，炮一平九，平炮打黑车，缓解了黑方的攻势。第4回合，后车平八，平车送吃，解杀还杀，黑车吃红车后，成为红炮的炮架，红车、炮绝杀取胜。

1. 炮一平九　车1平2
2. 前车进三　将4进1
3. 后车进三　将4进1
4. 后车平八　车2退7
5. 车二退二　（红胜）

赏析

声势，名声、威望和气势。相，

第178局 黾勉同心

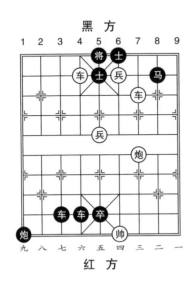

 赏析

黾，通渑，古书上说的一种蛙，这里是努力、勉励的意思。黾勉，勉励，尽力。同心，共同的心愿，心思相同。黾勉同心，共同努力，心心相印。本局红方弃双车，以炮、兵取胜。

1. 车六平五　将5平4
2. 车三平六　车4退6
3. 车五进一　将4平5
4. 炮三进五　士6进5
5. 兵四进一　（红胜）

第179局 边烽惊虏

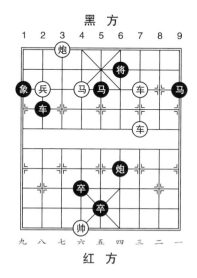

的战事。惊,害怕,精神受了突然刺激而紧张不安。虏,中国古代对北方外族的贬称。本局红方先弃车、马,再炮打边象,最终以炮、兵取胜。

1. 后车平四　将6平5
2. 车三平五　将5进1
3. 车四进二　将5退1
4. 车四进一　将5进1
5. 炮七退二　将5平4
6. 炮七平九　(红胜)

 赏析

边烽,边疆报警的烽火,边境上

第180局 暮鸟投林

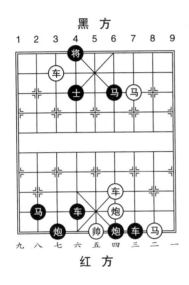

 赏析

暮,傍晚,太阳落山的时候。投林,鸟兽入林,借喻栖身或归隐。本局红方弃车,以马、炮取胜。

1. 车七进一　将4进1
2. 马三进四　马6退5
3. 车七退一　将4退1
4. 马四退五　士4退5
5. 车四平六　车4退1
6. 炮四进八　（红胜）

第 181 局　海底诛龙

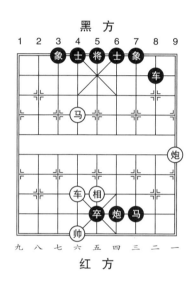

 **赏析**

诛，杀戮，夺去生命。海底诛龙，是勇士、猛士的行为。本局红方先马挂士角将军，再弃车引黑车到中路，从而堵塞黑将的活动通道，最终以马后炮绝杀取胜。

（一）

1. 马六进四　车8平6
2. 车六进七　将5进1
3. 马四退六　将5进1
4. 车六平五　士6进5
5. 车五退一　车6平5
6. 马六退四　将5平6
7. 炮一平四　（红胜）

（二）

1. 马六进四　将5进1
2. 车六进六　将5进1
3. 马四进二　炮6退6
4. 车六平四　卒5进1
5. 帅六进一　炮6进4
6. 车四退一　将5退1
7. 炮一进四　将5退1
8. 车四进二　（红胜）

第 182 局　投肉馁虎

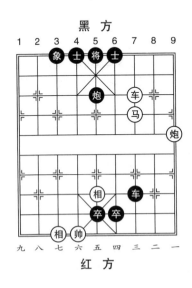

赏析

　　馁，饥饿。馁虎，饿虎。投肉馁虎，如同肉包子打狗，有去无回。本局红方弃车，以马后炮绝杀取胜。

（一）

1. 炮一进四　士6进5
2. 车三进二　士5退6
3. 马三进一　车7退7
4. 马一进三　将5进1
5. 炮一退一　（红胜）

（二）

1. 炮一进四　士6进5
2. 车三进二　士5退6
3. 马三进一　车7平8
4. 车三退一　士6进5
5. 马一进二　士5退6
6. 马二退四　士6进5
7. 车三进一　士5退6
8. 马四退六　将5进1
9. 车三退一　（红胜）

注：变化（一）为原谱。变化（二）为第3回合，黑车不吃红方的弃车，而是平开一步，寻求另一种防守的变化。

第 183 局　远遁边境

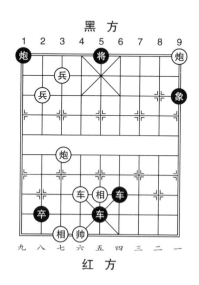

处。边境，靠近国家边界的地方。本局红方先弃车，第 5 回合，炮一平九，既消灭了黑方 1 路炮，又将双炮调到左侧，最终以双炮取胜。

1. 车六进七　将5进1
2. 兵七平六　将5平6
3. 炮七进四　将6进1
4. 车六平四　将6平5
5. 炮一平九　车5平4
6. 帅六进一　车6进1
7. 车四退八　卒2平3
8. 帅六进一　卒3进1
9. 炮九退二　（红胜）

 赏析

遁，逃避，躲闪。远遁，逃往远

第 184 局　蛇龙混海

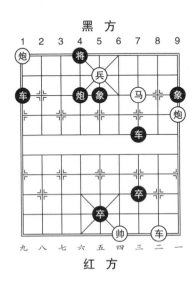

 赏析

混，搀杂在一起。海，百川汇聚之处。本局红方弃车、炮，以马、兵取胜。

1. 车二进九　象5退7
2. 车二平三　象9退7
3. 炮一进三　象7进5
4. 马三进四　象5退7
5. 马四退六　象7进5
6. 马六进八　车1退2
7. 马八退七　（红胜）

第 185 局　酸毒道路

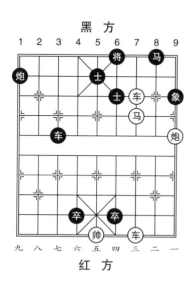

 赏析

　　酸毒，痛恨。道路，路途，路程。本局红方弃车、马，再用车、炮将军，将黑马引入 6 路，从而堵塞了黑将的通道，最终以车闷杀黑将取胜。

1. 前车进二　象9退7
2. 马三进二　炮1平8
3. 车三进九　将6进1
4. 车三退一　将6退1
5. 炮一进四　马8进6
6. 车三进一　（红胜）

第 186 局　宿鸟惊弹

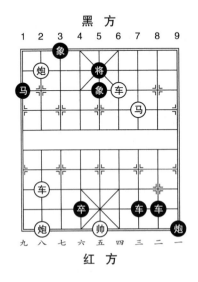

栖息的鸟。惊，害怕，精神受了突然的刺激而紧张不安。弹，弹起。本局红方先弃前炮，将黑马引入底线，为以下后炮吃马叫将，做好准备。再弃四路车，将黑将引入花心，为八路车进六将军，并堵塞象眼，埋下伏笔。最终以车、炮取胜。

1. 车四进一　将 5 退 1
2. 前炮进一　马 1 退 2
3. 车四平五　将 5 进 1
4. 车八进六　将 5 退 1
5. 炮八进九　（红胜）

宿，（鸟的）巢穴。宿鸟，归巢

第 187 局　荧惑退舍

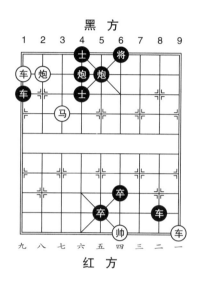

本局红方弃车，以车、马、炮取胜。

1. 车一进九　将6进1
2. 车一退一　将6退1
3. 炮八进一　炮5退1
4. 马七进六　士4退5
5. 车一进一　将6进1
6. 马六退五　车1平5
7. 车九平五　士4进5
8. 车一退一　车8退7
9. 车一平二　将6进1
10. 马五退三　（红胜）

 赏析

荧惑，迷惑。退舍，退却，退避。

第188局 载沉载浮（甲）

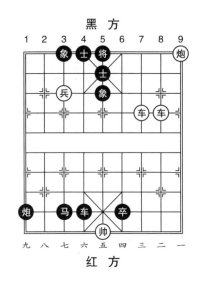

赏析

载沉载浮，在水中上下沉浮。

《诗经·小雅·菁菁者莪》：泛泛杨舟，载沉载浮，既见君子，我心则休。本局红方先弃车，再以七路左兵助攻，最终以底车绝杀取胜。

1. <u>车二进三</u>　士5退6
2. 车二退一　士6进5
3. 车三进三　士5退6
4. 车二平五　士4进5
5. 车三退一　象5退7
6. 车三平五　将5平4
7. 车五进一　将4进1
8. 兵七进一　将4进1
9. 车五平六　（红胜）

卷三

第 189 局　闭门扫轨

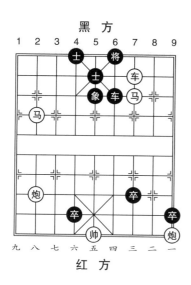

 赏析

轨，车迹。闭门扫轨，杜绝宾客，不与来往。本局红方弃炮，以车、马取胜。

（一）

1. 炮八平四　卒7平6
2. 炮一平四　卒6进1
3. 车三平五　（红胜）

（二）

1. 炮八平四　卒7平6
2. 炮一平四　卒4平5
3. 帅五平六　卒5平6
4. 炮四进二　车6平7
5. 车三退一　将6进1
6. 马八退六　将6退1
7. 马六进四　将6平5
8. 马四进三　将5平6
9. 车三平四　（红胜）

第 190 局　乘风吹火

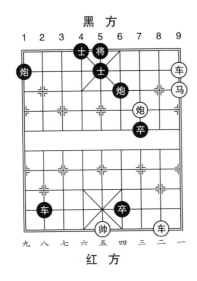

对火吹气。本局红方弃车，以马、炮取胜。

1. 车二进九　炮6退2
2. 炮三平五　士5进6
3. 车二平四　将5平6
4. 车一进一　将6进1
5. 炮五平四　士6退5
6. 马一退三　将6进1
7. 车一退二　（红胜）

注：原图黑方7·5位是象，红方无法取胜。因此，将象换成卒。

赏析

乘风，驾着风，凭借风力。吹火，

第 191 局　劳问将士

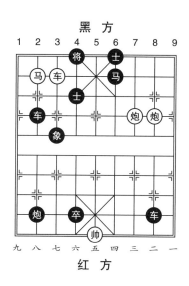

（一）

1. 炮三进三　士6进5
2. 车七进一　将4进1
3. 炮二平六　车2平4
4. 车七退一　将4退1
5. 车七平五　（红胜）

（二）

1. 炮三进三　士6进5
2. 炮二平六　车2平4
3. 车七平五　（红胜）

（三）

1. 炮三进三　士6进5
2. 炮二平六　将4平5
3. 车七进一　（红胜）

注：变化（一）为原谱。变化（二）～（三）更加简洁、高效。

赏析

劳问，慰问。将士，将领和士兵的统称。本局红方弃双炮，以车、马取胜。

第192局 两地关心

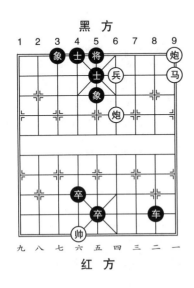

 赏析

两地，两处，两个地方。关心，留意，注意。本局红方先以马做炮架，让一路炮将军，再马、炮双将，绝杀取胜。

1. 马一进三　车8退8
2. 兵四平五　士4进5
3. 马三退四　（红胜）

第 193 局 同功并位

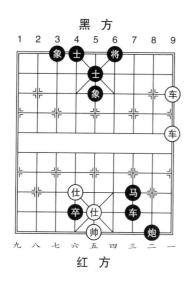

排着。位，职位，地位。本局红方双车破士、象取胜。

1. 后车平四　将6平5
2. 车一进二　象5退7
3. 车一平三　士5退6
4. 车三平四　将5进1
5. 前车退一　将5退1
6. 后车平五　士4进5
7. 车五进三　将5平4
8. 车四进一　（红胜）

赏析

同功，功力相当。并，一齐，平

第194局　步设陷阱

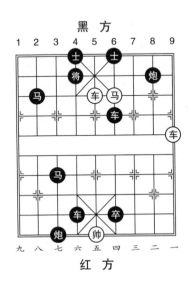

 赏析

步，事情进行的程序、阶段、步骤。设，布置，安排。陷阱，诱捕野兽的坑穴，比喻使人受骗上当的圈套。本局红方弃中路车，以边车取胜。

1. 车五进一　将4进1
2. 车五平六　马2退4
3. 马四进五　士4进5
4. 车一进二　炮8进1
5. 车一平二　车6退1
6. 车二平四　（红胜）

第 195 局　盐车困骥

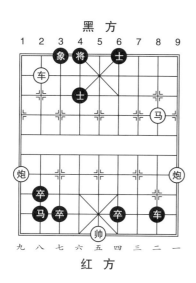

 赏析

盐车，运盐的车子，比喻贤才屈沉于下。困，陷于艰难痛苦或无法摆脱的环境中。骥，好马，比喻贤能。盐车困骥，即骐骥困盐车，指才华遭到抑制，处境困厄。本局红方车、马、炮协同作战，最终以马后炮绝杀取胜。

1. 炮一进六　士6进5
2. 车八平六　将4平5
3. 马二进四　将5平6
4. 炮九平四　（红胜）

第 196 局　雪拥蓝关

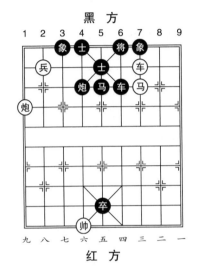

县东南，蓝田关是古都长安、咸阳的东南门户，为古代用兵要地。唐朝韩愈的《左迁至蓝关示侄孙湘》：云横秦岭家何在？雪拥蓝关马不前。拥，阻塞。本局红方弃车，以马、炮、兵取胜。

1. 车三进一　将6进1
2. 车三平四　士5退6
3. 马三进二　将6平5
4. 炮九平五　将5平4
5. 兵八平七　（红胜）

赏析

蓝关，蓝田关，现今陕西省蓝田

第 197 局 投命仇门

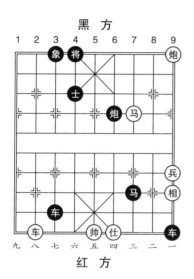

 赏析

投命,舍命,拼命。仇,深切的怨恨。门,门前,门口。本局红方弃车,以马后炮绝杀取胜。

1. 马三进四　士4退5
2. 车八平六　将4平5
3. 马四进二　炮6退3
4. 马二退三　炮6进2
5. 车六进九　将5平4
6. 马三进四　（红胜）

第 198 局　惊鸟藏枝

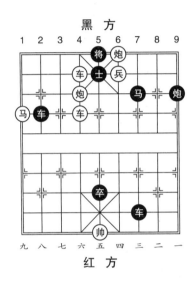

 赏析

惊鸟，受惊的鸟。藏枝，隐藏在树枝丛中。本局红方先后弃兵、双车，以马、双炮取胜。

1. 兵四平五　马7退5
2. 前车进一　将5平4
3. 炮六平五　车2平4
4. 马九进八　将4进1
5. 炮四退一　（红胜）

第199局　雕鹰捉兔

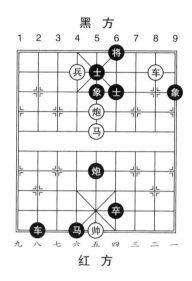

 赏析

雕，也是鹫，鸟类的一种，大型猛禽，羽毛褐色，上嘴勾曲，视力很强，利爪，能捕食山羊、野兔。本局红方弃兵，以车、马取胜。

1. 车二平四　将6平5
2. 兵六平五　士6退5
3. 车四平五　将5平6
4. 车五进一　将6进1
5. 马五进三　将6进1
6. 车五平四　（红胜）

第 200 局　落花流水

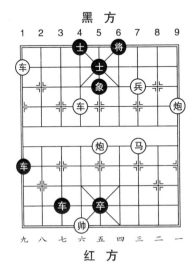

比喻被打得大败，也指残乱而零落的样子。本局红方弃双车、兵，最终以马后炮绝杀取胜。

1. 车六进三　士5退4
2. 车九平四　将6进1
3. 兵三平四　将6进1
4. 马三进五　将6退1
5. 马五进三　将6进1
6. 马三进二　将6退1
7. 炮一进二　（红胜）

赏析

落花流水，形容残败的暮春景色，

第 201 局　三请诸葛

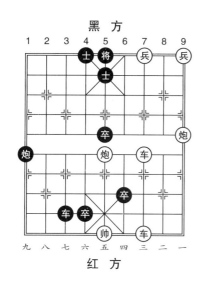

葛，即三顾茅庐，东汉末年，军阀混战，刘备曾三次到南阳卧龙岗访请诸葛亮出山共事。诸葛亮的《出师表》：先帝不以臣卑鄙，猥自枉屈，三顾臣于草庐之中。本局红方先后弃兵、双车，最终以重炮杀取胜。

1. 兵三平四　　将5平6
2. 前车进五　　将6进1
3. 后车进八　　将6进1
4. 后车退一　　将6退1
5. 前车退一　　将6退1
6. 后车平四　　士5进6
7. 车三平四　　将6进1
8. 炮一平四　　士6退5
9. 炮五平四　　（红胜）

赏析

诸葛，诸葛亮，三国时期蜀汉丞相，辅佐刘备建立蜀汉政权。三请诸

第202局　行监坐守

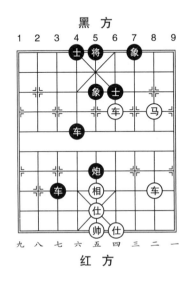

跟住黑车，黑车骑虎难下，吃红车，红马一个回马枪，双将取胜，不吃红车，就如同此局，红方以车换了黑方的车、炮、象。最终形成车、马、相、双仕必胜单车、士的局面。

1. 马二进四　将5平6
2. 马四进三　将6平5
3. 马三退四　将5平6
4. 车二进七　将6进1
5. 马四退二　将6平5
6. 车二退一　将5退1
7. 马二进三　将5进1
8. 车四平七　将5平4
9. 马三退五　士4进5
10. 马五退六　车3退4
11. 马六退五　（红胜）

赏析

监，监视。行监坐守，指对人的一举一动都在旁边严密监视、看守。本局红方第8回合，车四平七，红车

第203局 远近惊骇

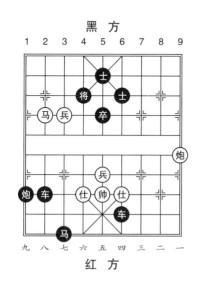

远近,远处和近处。惊骇,惊慌,

害怕。本局红方先弃兵,将黑将引入山顶险地,再炮回打黑车,既解燃眉之急,又为下一步的平六将军做好准备,最终以马、炮取胜。

1. 兵七平六　　将4退1
2. 炮一平六　　士5进4
3. 兵六进一　　将4平5
4. 兵六平五　　将5平6
5. 炮六平四　　士6退5
6. 前兵平四　　将6进1
7. 炮四退三　　将6平5
8. 马八进七　　将5平4
9. 炮四平六　　（红胜）

第 204 局　雷震八荒

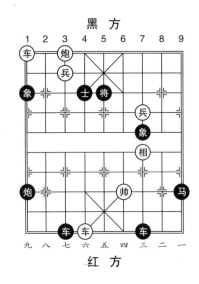

将黑方7路象引入中路。再借车使炮，将底线的炮调整至中路，而后以黑中象作为炮架将军，借炮使相，连破黑方双车、马，如同雷震八荒，最终形成炮、相、双兵对炮、双象的必胜局面。

1. 车六进七　将5退1
2. 兵七平六　将5退1
3. 车六平五　象7退5
4. 炮七退八　炮1退7
5. 炮七平五　象5退7
6. 相三退五　象7进5
7. 相五退七　象5退7
8. 相七进五　象7进5
9. 相五退三　象5退7
10. 相三进一　炮1平2
11. 兵三平四　将5平6
12. 兵四进一　炮2进1
13. 兵六进一　炮2平5
14. 兵四进一　（红胜）

赏析

雷，云层放电时发出的巨响。震，疾雷（霹雳）使物体震动。八荒，八方，指东、南、西、北、东南、东北、西南、西北等八个方向，这些都是远离中原的地方，现在指周围、各地、四面八方，以及天下。本局红方弃车，

第205局 四畏廉名

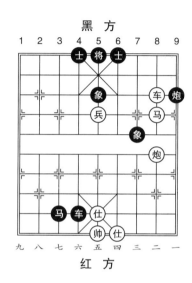

四，四知——天知，神知，我知，子知。畏，怕，敬服。廉，不贪污，廉洁、廉正、廉明。东汉的杨震为官清廉自持、不接受下属的行贿，其"天知，神知，我知，子知"成为千古名言。本局红方先弃车，再运用了两次双将战术，最终以马、炮取胜。

1. 车二平五　士4进5
2. 马二进四　将5平4
3. 炮二进五　将4进1
4. 车五平六　将4进1
5. 炮二退二　象7退5
6. 兵五进一　将4退1
7. 兵五平六　将4退1
8. 炮二进二　（红胜）

第 206 局　孤星坠地

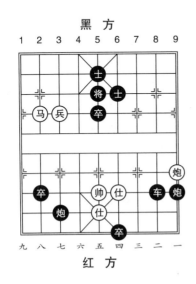

出现的星。坠地，物体落地。本局红方先弃兵，将黑将引入山顶险地，再退炮打卒将军，最终以马、炮取胜。

1. 炮一平五　将5平4
2. 兵七平六　将4退1
3. 炮五平六　士5进4
4. 兵六平五　将4平5
5. 兵五进一　将5平6
6. 炮六平四　士6退5
7. 兵五平四　将6进1
8. 炮四退三　（红胜）

孤星，黎明时的残星，亦指单独

第 207 局　菱叶穿萍

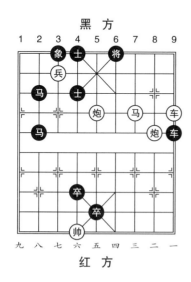

生水面又称浮萍。唐朝韩愈的《闲游二首》：雨后来更好，绕池遍青青。柳花闲度竹，菱叶故穿萍。本局红方弃车、兵，红马左右腾挪，由右至左，宛如菱叶穿萍，最终以马取胜。

1. 马三进五　士4进5
2. 车一平四　将6平5
3. 马五进三　将5平4
4. 车四进三　士5退6
5. 炮二进四　士6进5
6. 马三进五　士5退6
7. 马五退四　士6进5
8. 兵七平六　后马退4
9. 马四进五　士5退6
10. 马五退六　士6进5
11. 马六进八　（红胜）

赏析

菱叶，菱科植物的叶，生于池塘、河沼中，可以作为中药，具有清热解毒的功效。萍，一年生草本植物，浮

第 208 局 用兵最精

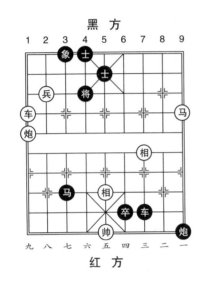

南北朝时期，南梁周兴嗣的《千字文》：起翦颇牧，用军最精。本局红方先弃车，再将黑将赶入老将的本位，最终以马、炮、兵取胜。

1. 兵八平七　将4平5
2. 车九平五　将5平6
3. 马一进二　将6退1
4. 炮九进三　士5进6
5. 兵七进一　士4进5
6. 马二退三　将6退1
7. 炮九进一　士5退4
8. 马三进五　将6平5
9. 马五进六　将5平6
10. 车五进三　将6平5
11. 马六退七　象3进5
12. 兵七进一　（红胜）

赏析

用兵最精，战国时期，著名的四大名将：白起、王翦、廉颇、李牧。

第 209 局　参参见佛

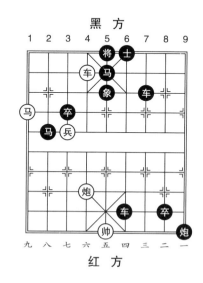

赏析

参，进见，参谒。佛，梵语佛陀，对佛教创始人释迦牟尼的简称。参参见佛，佛教的典故，观世音菩萨身边的善财童子，五十三参，参参见佛，比喻虚心求教，不辞劳苦。本局红方弃车、马，将黑将引入山顶险地，最终炮、兵以送佛归殿的杀法，绝杀取胜。

1. 车六进一　将5平4
2. 马九进八　将4进1
3. 马八退六　将4进1
4. 兵七平六　马2进4
5. 兵六进一　将4退1
6. 兵六进一　将4退1
7. 兵六进一　将4平5
8. 兵六进一　（红胜）

第 210 局　士马如云

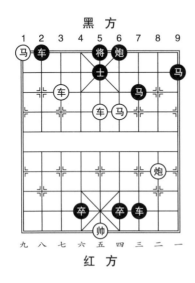

形容盛多。本局红方先弃车，再以马后炮绝杀取胜。

1. 车五进二　马7退5
2. 马四进六　将5平4
3. 炮二平六　马5进4
4. 马六进四　马4退5
5. 车七平六　将4平5
6. 炮六平五　马5进6
7. 车六平五　马6退5
8. 车五进一　将5平4
9. 车五退四　将4进1
10. 车五平六　将4平5
11. 马四退五　（红胜）

 赏析

士马，兵马，引申指军队。如云，

第211局　晚鸟争枝

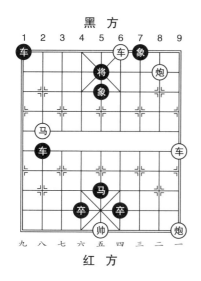

晚鸟争枝，夜晚归来的鸟儿争抢枝头栖息。本局红方各子争先恐后地照将，第2回合，车一平六，弃车腾挪照将，赢得一先的时机。第3回合，马七进五，弃马引将，为重炮杀埋下伏笔。第6回合，车四平五，再次弃车，引黑将至中路，以便马后炮杀。第7回合，马五退三，移花接木，弃边炮后，以另一炮替代。最终以马后炮绝杀取胜。

1. 马八进七　将5平4
2. 车一平六　车2平4
3. 马七进五　将4进1
4. 炮一进七　象5进7
5. 车四退二　象7进5
6. 车四平五　将4平5
7. 马五退三　象7退9
8. 炮二退一　（红胜）

第212局 雁惊云网

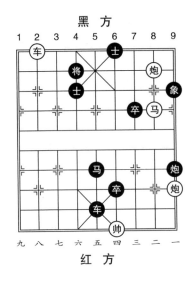

群居水边,飞时排列成行。惊,害怕,精神受了突然刺激而紧张不安。云,比喻盛多。网,用绳、线等结成捕鱼捉鸟的器具。本局红方第2回合,马三进五,篡位马,走法含蓄,用意在于过渡到士角。最终以重炮杀取胜。

1. 马二进三　士4退5
2. 马三进五　士5进6
3. 马五退四　将4平5
4. 车八退一　将5进1
5. 炮一进五　将5平6
6. 炮二退一　(红胜)

 赏析

雁,鸟类的一属,形状略像鹅,

第 213 局　投石入水

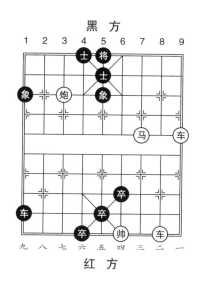

投石入水，将石头投进水中，水起涟漪，石沉水底，水中由此多了一石。本局红方第 2 回合，炮七进二，弃炮极有远见，为第 11 回合的进马吃象照将埋下伏笔。第 7 回合，车三平五，弃车杀黑中士，引黑方上士，打通了底线，由此断了黑将的一条退路。最终以车、马取胜。

1. 车二进九　象 5 退 7
2. 炮七进二　象 1 退 3
3. 车二平三　士 5 退 6
4. 马三进四　将 5 进 1
5. 马四退六　将 5 平 4
6. 车三退一　士 4 进 5
7. 车三平五　士 6 进 5
8. 马六进八　将 4 进 1
9. 车一平六　将 4 平 5
10. 车六平五　将 5 平 4
11. 马八进七　将 4 退 1
12. 车五平六　士 5 进 4
13. 车六进二　（红胜）

第 214 局　阻住行程

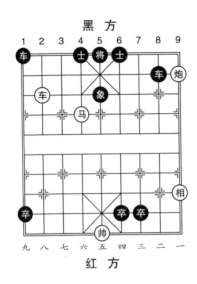

 **赏析**

阻住，挡住，阻挡。行程，路程，旅程。本局红方第4回合，车五平九，利用对方底线有杀着的弱点，强行捉黑车，挡住黑车的线路，符合局名"阻住行程"。

（一）

1. 马六进七　车8平3
2. 车八平五　士6进5
3. 炮一平七　卒1平2
4. 车五平九　车1平2
5. 车九平二　（红胜）

（二）

1. 马六进七　车8平3
2. 车八平五　士6进5
3. 炮一平七　卒1平2
4. 车五平九　车1平2
5. 车九平二　卒6进1
6. 帅五进一　卒7平6
7. 帅五平四　士5进6
8. 炮七平三　车2进6
9. 车二平四　车2平7
10. 炮三退四　卒2平3
11. 帅四退一　车7平5
12. 炮三退三　卒3平4
13. 帅四进一　卒4平5
14. 炮三平五　车5进2
15. 帅四退一　（和局）

注：变化（一）为原谱，红胜，有误，参见变化（二）。变化（二）为黑方选择最佳的变化，和局。

第215局 猛虎出林

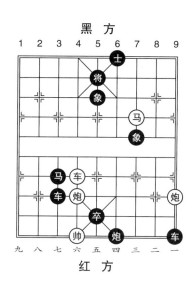

赏析

猛虎出林，凶猛的老虎离开山林，形容动作勇猛又迅速。本局红方利用红车蹩着黑马腿的时机，平中炮照将，成为制胜的关键。最终通过弃车，以重炮将军取胜。

（一）

1. 炮一平五　象5退3
2. 马三退五　象3进5
3. 马五进七　象5进3
4. 车六进五　将5退1
5. 马七退五　士6进5
6. 车六平五　将5平6
7. 车五进一　将6进1
8. 马五进三　将6进1
9. 车五退二　象3退5
10. 炮六进五　象5退3
11. 炮五进五　（红胜）

（二）

1. 炮一平五　象5退3
2. 马三退五　象3进5
3. 马五进六　象5进3
4. 车六平五　象7退5
5. 车五平七　象5退7
6. 车七平五　象7进5
7. 车五平四　象5退7
8. 车四进五　将5进1
9. 马六退五　（红胜）

注：变化（一）为原谱。变化（二）是第3回合，红方选择最佳的变化，马五进六，更加简洁、高效。

第 216 局　载沉载浮（乙）

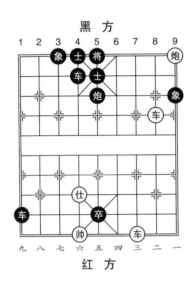

黑方

红方

赏析

载沉载浮，在水中上下沉浮。《诗经·小雅·菁菁者莪》：泛泛杨舟，载沉载浮，既见君子，我心则休。参见变化（三），本局红方第2回合，车二退一，先用二路车沉底照将，再退一步照将，塞住象眼，妙棋，非此不可获胜。第4回合，车三退一，利用抽将调整双车的相对位置。第6回合，车三平五，弃车花心，利用黑中炮占据象位，黑方自己阻塞将路的弱点，做杀入局，妙不可言。最终以炮

闷宫杀取胜。

（一）

1. 车三进九　士5退6
2. 车三退一　士6进5
3. 车二进三　士5退6
4. 车三平五　士4进5
5. 车二退一　（红胜）

（二）

1. 车三进九　士5退6
2. 车三退一　象9退7
（黑胜）

（三）

1. 车二进三　士5退6
2. 车二退一　士6进5
3. 车三进九　士5退6
4. 车三退一　士6进5
5. 车二进一　士5退6
6. 车三平五　士4进5
7. 车二退一　（红胜）

注：此局与第188局同名，黑方的进攻子力位置略有不同，红方的进攻着法大同小

异。变化（一）为原谱，红胜，有误，参见变化（二）。变化（二）为第2回合，黑方选择最佳的防守，象9退7，红方攻势瓦解，黑胜。变化（三）为谢侠逊评校版。第1回合，红方选择最佳的变化，车二进三，红胜。

第 217 局　勇退急流（乙）

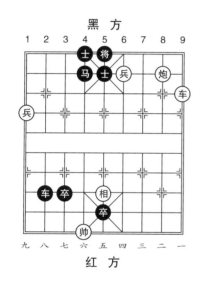

赏析

勇退急流，在急流中勇敢地立即退却。本局红方第4回合，炮二平三，伏有车一平四，马4退6，炮三进九闷杀的妙手。第7回合，兵四平五，弃兵引将，以便退车照将，抽吃黑马后，占据左肋，护卫红帅。最终形成炮、兵、相必胜单士的局面。

1. 车一进二　士5退6
2. 炮二进一　士6进5
3. 炮二退九　士5退6
4. 炮二平三　车2进2
5. 炮三平八　卒3进1
6. 炮八进九　士4进5
7. 兵四平五　将5进1
8. 车一退一　将5退1
9. 车一平六　卒3平4
10. 车六退七　卒5平4
11. 帅六进一　（红胜）

注：本局与第96局同名。

第218局　路隔星河

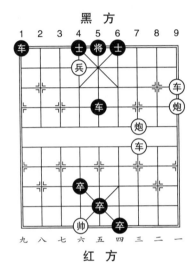

路隔，道路远隔，阻碍重重，不能相见。星河，银河。本局红方第2回合，车一平五，弃车通炮路，暗伏阻塞黑方将路。第5回合，兵六平五，一兵建奇功，黑方无法应对红方退车闷杀。最终红方以车、炮取胜。

1. 炮三平五　　车5进1
2. 车一平五　　车5退2
3. 炮一进三　　士6进5
4. 车三进五　　士5退6
5. 兵六平五　　士4进5
6. 车三退一　　（红胜）

第219局　曲突徙薪（乙）

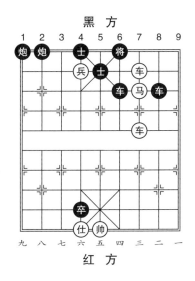

　　曲，做动，弯曲。突，烟囱。徙，迁移。薪，柴火。曲突徙薪，把烟囱改建成弯的，把灶旁的柴草搬走。比喻消除可能导致事故发生的因素，防患未然。《汉书·霍光传》：曲突徙薪无恩泽，焦头烂额为上客。本局红方第2回合，前车平四，弃子阻塞将路。第6回合，车三平六，闪将抽吃黑士，是抽将占位战术。最终以兵破黑中士取胜。

1. 前车进一　　将6进1
2. 前车平四　　炮2平6
3. 马三进二　　炮6平7
4. 车三进三　　将6退1
5. 车三进一　　将6进1
6. 车三平六　　炮1平8
7. 兵六平五　　（红胜）

注：本局与第117局同名。

第 220 局　攀辕卧辙

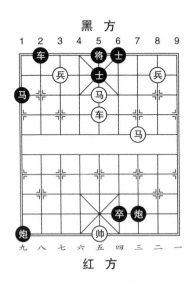

赏析

攀辕卧辙，拉住车辕，躺在车道上，不让车走。旧时用作挽留好官的谀词。本局红方马挂士角将军，取胜。

（一）

1. 兵七平八　车2平3
2. 马三进四　士5进6
3. 马五进七　将5平4
4. 车五平六　（红胜）

（二）

1. 兵七平八　车2进1
2. 马三进四　将5平4
3. 车五平六　车2平4
4. 车六进二　将4进1
5. 马五退七　将4退1
6. 马七进八　马1退3
7. 马四退六　士5进4
8. 马六退七　炮7退1
9. 马七退六　炮7平5
10. 兵二平三　炮1退3
11. 马六进七　炮5退6
12. 马八退九　炮1平5
13. 马七进五　前炮平7
14. 马五进四　马3进5
15. 帅五平六　马5进4
16. 马九进八　炮5平3
17. 帅六进一　马4进3
18. 帅六进一　炮7平5
19. 兵三平四　将4平5
20. 兵四平三　将5进1
21. 马八退七　炮5进3
22. 兵三平四　炮3平6
23. 马四退五　卒6平5
24. 马五进六　马3退5

（黑胜）

（三）

1. 马三进四　士5进6
2. 兵七平八　士6进5
3. 兵八进一　士5进4
4. 车五退三　马1退2
5. 马五退六　士4退5
6. 车五平三　将5平4
7. 车三进六　将4进1
8. 车三平八　炮7退6
9. 兵二平三　炮1退7
10. 兵三平四　士5退6
11. 车八退一　将4退1
12. 兵四进一　卒6进1
13. 帅五进一　炮1退2
14. 车八进一　将4进1
15. 车八退三　炮1进2
16. 车八进二　将4退1
17. 兵四平五　（红胜）

注：变化（一）为原谱，红胜，有误，参见变化（二）。变化（二）为第1回合，黑方选择最佳的防守，车2进1，吃兵，黑胜。变化（三）为第1回合，红方选择最佳的变化，马三进四，挂士角将军，红胜。

第221局　野马舞风

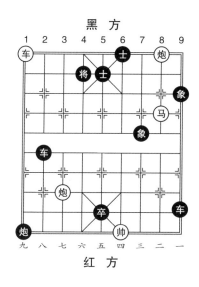

 赏析

野马舞风，野生的马像风一样地舞动。本局红方第5回合，车九平六，弃车吸引，将黑将引入山顶险地，便于红马攻击。第6回合，马三退四，照将着法异常凶悍，黑将不得不平中。最终马卧槽，绝杀取胜。

1. 车九退一　将4进1
2. 车九退一　将4退1
3. 炮二退一　士5进6
4. 马二进三　士6退5

5. 车九平六　将4进1
6. 马三退四　将4平5
7. 马四退六　将5平4

8. 炮七平六　车2平4
9. 马六进四　将4平5
10. 马四进三　（红胜）

第 222 局　鱼游浅濑

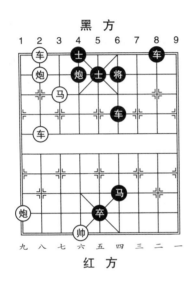

方第4回合，前车平四，弃车吸引黑车，暗伏阻塞将路。第6回合，马六进八，再次弃车，卓有远见。最终通过弃双车，以重炮绝杀取胜。

1. 马七退五　将6进1
2. 后车进二　士5进4
3. 马五进六　士4进5
4. 前车平四　车8平6
5. 车八平六　将6退1
6. 马六进八　士5进4
7. 炮九进七　将6进1
8. 炮八退一　士4退5
9. 马八退七　士5进4
10. 马七进六　士4退5
11. 炮九退一　（红胜）

濑，从沙石上流过的水。本局红

第 223 局　军中烈士

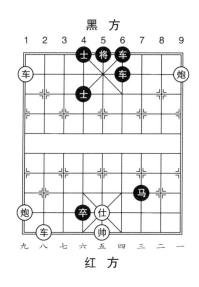

 赏析

烈士，有节气、有壮志的人。三国时期，魏国曹操的《龟虽寿》：老骥伏枥，志在千里。烈士暮年，壮心不已。本局红方第1回合，车九平五，车立花心，照将献车，因红方有进炮闷杀的续着，黑方既不能下士，也不能用车吃，只能士4进5吃车。第3回合，车八进九，迫使黑方将4进1，从而发挥右炮的牵制作用，困住黑方6路车。最终进九路炮，闷杀取胜。

1. 车九平五　士4进5
2. 仕五进四　将5平4
3. 车八进九　将4进1
4. 炮九进五　卒4进1
5. 帅五平六　后车平2
6. 炮九平六　（红胜）

第 224 局　随形助胜

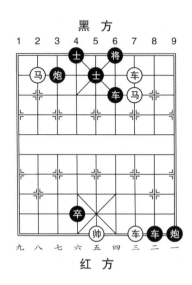

 赏析

随形，如影随形。助，帮助，协同，辅佐。胜，战胜，打败。本局红方弃双车、右马，阻塞黑将的通路，最终以左马将军，取胜。

1. 前车进一　将6进1
2. 前车平四　士5退6
3. 马三进二　车8退9
4. 车三进八　炮3平7
5. 马八进六　（红胜）

第 225 局　循序渐进

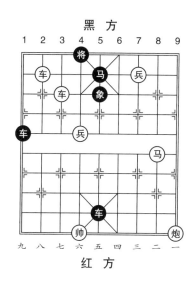

赏析

　　循，按照。序，次序。渐，逐渐。循序渐进，按照一定的顺序、步骤逐渐进步。本局红方先弃双车，将黑将引入山顶险地，而后，兵借帅力，一路冲锋，将黑将赶入6路，再弃三路兵，吸引黑将至马、炮的伏击圈，最终以马后炮绝杀取胜。

1. 车八平六　将4进1
2. 车七平六　将4进1
3. 兵六进一　将4退1
4. 兵六进一　将4退1
5. 兵六进一　将4平5
6. 兵六进一　将5平6
7. 兵三平四　将6进1
8. 马二进三　将6退1
9. 马三进二　将6进1
10. 炮一进七　（红胜）

第226局 脱网逢钩（甲）

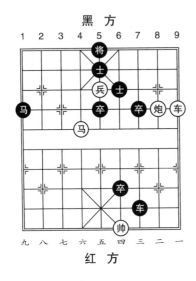

钩，鱼钩。脱网逢钩，可谓祸不单行。本局红方弃兵，以车、马、炮取胜。

1. 车一进三　士5退6
2. 炮二平五　士6退5
3. 兵五进一　将5进1
4. 车一退一　将5退1
5. 马六进五　士6进5
6. 车一平五　将5平4
7. 车五平七　（红胜）

注：第6回合，红车一进一，绝杀。

 赏析

脱网，漏网，逃脱。逢，遇到。

第 227 局　流星赶月

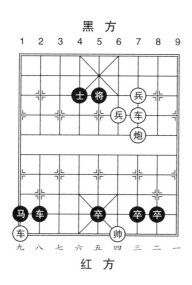

赏析

流星赶月，像流星追赶月亮一样，形容行动迅速。本局红方第 2 回合，前兵平五，红兵借照将抢入中路，逼近黑将。第 7 回合，车九平六，弃车赢得一步。第 8 回合，炮三平五，从容平炮中路，暗伏弃兵后，车、炮、兵的杀着。最终弃兵，以车、炮、兵取胜。

（一）

1. 兵三平四　将 5 退 1
2. 前兵平五　将 5 平 4
3. 车三进二　将 4 退 1
4. 车三进一　将 4 进 1
5. 兵五平六　将 4 平 5
6. 兵六平五　将 5 平 4
7. 车九平六　卒 5 平 4
8. 炮三平五　卒 4 进 1
9. 兵五平六　将 4 进 1
10. 车三平六　将 4 平 5
11. 兵四平五　（红胜）

（二）

1. 兵三平四　将 5 退 1
2. 前兵平五　将 5 进 1
3. 兵四平五　将 5 退 1
4. 兵五进一　将 5 平 4
5. 炮三平六　士 4 退 5
6. 车三平六　士 5 进 4
7. 车六进一　（红胜）

注：变化（一）为原谱，第 9 回合，兵五平六，红胜。现补上余下的两个回合。变化（二）为第 2 回合，黑方选择的变化，将 5 进 1，红胜。

第 228 局　游鱼吞钩

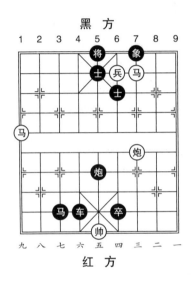

 赏析

游鱼，游动的鱼。吞钩，吞下钓钩，常比喻受骗上当。本局红方先弃兵，再以双马、炮取胜。

1. 兵四进一　将5平4
2. 炮三进五　将4进1
3. 马九进七　将4进1
4. 马三退四　炮5退3
5. 炮三退二　（红胜）

第229局　猛虎入山

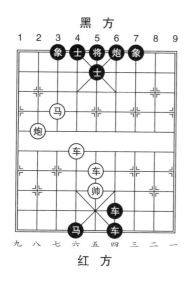

 赏析

入山，进入山里。猛虎入山，威风八面。本局红方弃双车，最终以马后炮绝杀取胜。

1. 车六进五　炮6平4
2. 车五进五　将5平6
3. 车五进一　将6进1
4. 车五平四　将6退1
5. 马七进六　将6进1
6. 炮八进三　（红胜）

第 230 局　胡骑迫背

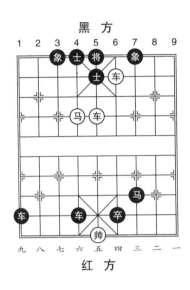

 赏析

胡骑，胡人的骑兵，亦泛指胡人的军队。迫，接近。背，背脊。本局红方先弃一车，最终以车、马取胜。

1. 车四进一　将5平6
2. 车五平四　将6平5
3. 马六进四　将5平6
4. 马四进二　将6平5
5. 车四进三　（红胜）

第 231 局　用舍相碍

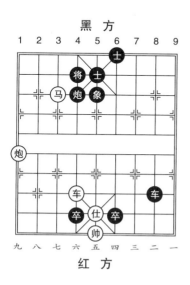

 赏析

用舍，取舍。碍，妨碍，碍事。本局红方弃马，吸引黑将上山顶，再以炮绝杀取胜。

（一）

1. 炮九平六　炮 4 进 5
2. 马七退六　士 5 进 4
3. 马六进四　士 4 退 5
4. 马四进六　将 4 进 1
5. 炮六退三　炮 4 平 5
6. 仕五进六　（红胜）

（二）

1. 车六平二　卒 4 平 5
2. 帅五平六　卒 6 进 1
3. 炮九退四　炮 4 进 4
4. 车二平八　卒 6 平 5
5. 炮九平五　卒 5 进 1
6. 帅六平五　炮 4 平 3
7. 车八进六　将 4 进 1
8. 马七退六　炮 3 退 3
9. 车八平七　炮 3 平 5
10. 马六进八　炮 5 平 3
11. 车七退二　将 4 退 1
12. 车七平六　士 5 进 4
13. 车六进一　将 4 平 5
14. 车六平五　将 5 平 6
15. 马八进六　士 6 进 5
16. 车五进一　将 6 进 1
17. 马六退五　（红胜）

注：变化（一）为原谱。变化（二）为第 1 回合，红方直接改走车六平二，吃黑车，红方胜定。原图可能有误，倘若黑车移前一步，即无此弊端。由象棋的攻杀角度看，当属变化（一）更加精彩。

第 232 局　望尘遮道

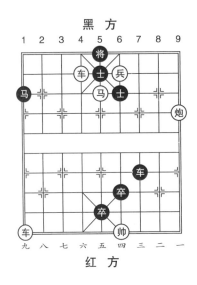

 赏析

望尘，看见飞扬的尘土，亦比喻捕风捉影或观察到细小的证象。遮道，犹拦路，指地方上挽留官吏的典故。本局红方弃车，以马、炮取胜。

1. 兵四进一　士5退6
2. 炮一平五　士6进5
3. 车六进一　将5平4
4. 车九平六　将4平5
5. 马五进七　将5平6
6. 炮五平四　（红胜）

第 233 局　停车绊马

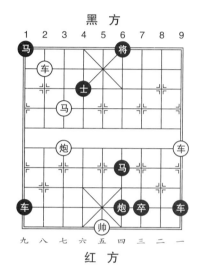

本局红方弃车绊马腿，便于红马腾挪进攻。最终以马、炮取胜。

1. 车一平四　炮 6 退 3
2. 马七进五　士 4 退 5
3. 车八进一　将 6 进 1
4. 马五退三　将 6 进 1
5. 马三退五　将 6 退 1
6. 炮七进四　士 5 退 4
7. 马五进六　将 6 进 1
8. 炮七退一　（红胜）

赏析

绊马，即绊马腿，也称为蹩马腿。

第 234 局　居中反祸

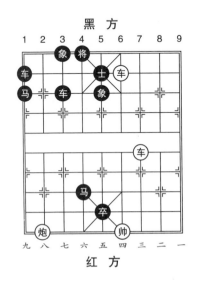

先进三路车照将，迫使黑将到底线，再以八路炮将军，而作为炮架的黑象无路可走。最终以炮取胜。

（一）

1. 车三进五　将4进1
2. 车四平五　将4平5
3. 车三退一　将5退1
4. 炮八进九　（红胜）

（二）

1. 炮八进九　将4进1
2. 车四平五　将4平5
3. 车三进四　（红胜）

注：变化（一）为原谱。变化（二）更加简洁、高效。

居中反祸，本局红方第 2 回合，车四平五，献车照将，黑将吃车后居中，看似到了安全的位置，奈何红方

第 235 局　勒马停骖

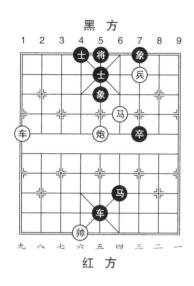

勒马，拉紧马缰绳，使马或奔驰向前，或缓步徐行，或回头转向，或临崖急刹。骖，古代驾在车前的两侧的马，引申为独辕车所驾的三匹马。停骖，停车。本局红方第2回合，炮五退三，退炮蹩马腿，是腾挪选位，解杀还杀的着法，以下车九平四，黑方再无回天之术。

1. 马四进六　将5平6
2. 炮五退三　士5进6
3. 车九平四　车5进1
4. 帅六进一　士4进5
5. 车四退三　卒7进1
6. 炮五进六　车5平6
7. 车四退二　卒7平6
8. 车四进四　象7进9
9. 车四进三　（红胜）

注：原谱至第2回合，炮五退三，红胜。现补上余下的走法。

第 236 局　怀春育孕

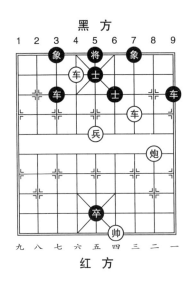

 赏析

怀春，少女思慕异性，也指少女爱慕异性。育孕，怀胎足月以至分娩。本局红方先弃左车，最终以车、炮借助帅力取胜。

1. 炮二进五　象7进5
2. 车三进三　士5退6
3. 车六平五　士6退5
4. 车三平四　（红胜）

第 237 局 长鲸授首

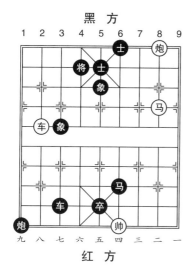

乳动物，胎生，体长可达30米，是世界上最大的动物，通常比喻巨寇。授首，指投降或被杀。本局红方弃车，以马、炮取胜。

1. 车八进三　将4进1
2. 车八退一　将4退1
3. 炮二退一　士5进6
4. 马二进三　士6进5
5. 车八平六　将4进1
6. 马三退四　（红胜）

赏析

长鲸，大鲸，生活在海洋中的哺

第238局　子胥过关

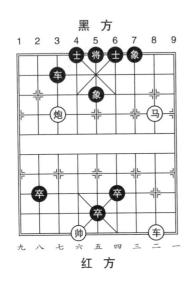

 赏析

子胥，伍子胥，春秋时期吴国的大夫、军事家，因封于申，也称为申胥。关，昭关，现今安徽省含山县以北。子胥过关，一夜白头，这是一个古老的民间传说。伍子胥原为楚国大夫伍奢的次子，楚平王听信谗言，杀其父兄，子胥逃至昭关，昭关地势险要，位于两山之间，前有大江阻拦，又有重兵把守。子胥一夜白头，而后由东皋公的巧妙安排，子胥更换衣裳，混过昭关，到达吴国，后与孙武一同举兵复仇。本局红方先马挂士角照将，再进车捉车，意图形成铁门栓绝杀取胜。而黑方见招拆招，胜负在一瞬间，符合局名"子胥过关"，稍有不慎，胜负逆转。

（一）

1. 马二进四　车3平6
2. 车二进八　车6进1
3. 车二平六　士4进5
4. 炮七平五　卒5进1
5. 帅六进一　卒6进1
6. 车六进一　（红胜）

（二）

1. 马二进四　车3平6
2. 车二进八　士4进5
3. 车二平四　士5进6
4. 车四平七　卒2平3
5. 炮七平五　象5进3
6. 车七退三　卒3平4
7. 车七平六　卒4进1
8. 车六退四　卒5平4
9. 帅六进一　卒6平5
　（和局）

（三）

1. 马二进四　车3平6
2. 车二进八　士4进5
3. 车二平四　士5进6
4. 车四平八　卒2平3
5. 车八退七　卒6进1
6. 炮七平九　象5退3
7. 炮九退六　卒3平4
8. 车八平七　将5平4
9. 炮九进一　卒4进1
10. 炮九平六　卒6进1
11. 炮六进七　卒6平5

（黑胜）

注：变化（一）为原谱，红胜，有误，参见变化（二）。变化（二）为第2回合，黑方选择最佳的防守，士4进5，弃车，以士吃马，和局。变化（三）为变化（二）第4回合，红方选择的变化，车四平八，红方捉吃黑卒，黑胜。

第239局　弃短取长

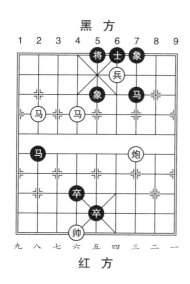

采用长处。本局红方先运用双马饮泉杀法，吃黑中象，再弃马引离黑方负有重任的7路马，最终进炮将军取胜。

1. 马八进六　将5平4
2. 前马进八　将4平5
3. 马六进七　将5平4
4. 马七退五　将4进1
5. 马五进四　马7退6
6. 炮三进四　（红胜）

赏析

弃，抛开。弃短取长，舍弃短处，

第 240 局　凭马渡江

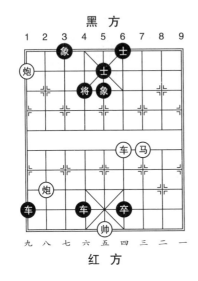

泥马渡江，相传北宋末年，靖康之变，康王赵构被当作人质羁押在金国，后寻机逃脱，凭借着马，渡过长江，建立南宋政权。传说中的马为崔府君庙里的泥马显灵。本局红方弃车，让开三路马的进攻通道，最终以重炮杀取胜。

1. 车四平六　　车4退3
2. 马三进五　　将4退1
3. 马五进七　　将4退1
4. 炮八进七　　象3进1
5. 炮九进一　　（红胜）

 赏析

凭，依靠，仗持。凭马渡江又名

第 241 局　鱼游釜甑

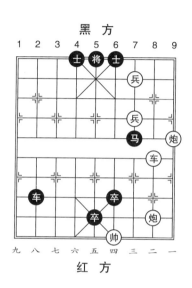

赏析

釜，古代的一种锅。甑，古代蒸饭的一种瓦器，底部有许多透蒸汽的孔格，置于鬲上蒸煮，如同现代的蒸锅。釜甑，皆古炊煮器皿。鱼游釜甑，即鱼游釜中，鱼在锅里游，比喻处境危险，快要灭亡。本局红方先后弃车、兵，以重炮杀取胜。

（一）

1. 炮一进四　士6进5
2. 车二进五　士5退6
3. 车二平四　将5进1
4. 炮二进七　将5进1
5. 车四退二　将5平6
6. 后兵进一　将6平5
7. 炮一退二　马7退6
8. 后兵平四　将5平6
9. 炮二退一　（红胜）

（二）

1. 炮一进四　将5进1
2. 前兵平四　将5平6
3. 车二进四　将6进1
4. 兵三进一　将6平5
5. 炮一退二　马7退6
6. 兵三平四　将5平6
7. 炮二进六　（红胜）

注：变化（一）为原谱。变化（一）～（二）均为谢侠逊评校版，棋局演变较为详尽。

第 242 局　明修栈道

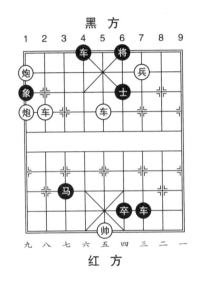

栈道，悬崖峭壁修建的一种道路。明修栈道，通常与暗度陈仓连用，指

将真实的意图隐藏在表面的行动背后，用明显的行动迷惑对方，使敌人产生错觉，并忽略自己的真实意图，从而出奇制胜。楚汉相争时，刘邦从汉中出兵进攻项羽，大将军韩信故意明修栈道，迷惑对方，暗中绕道奔袭陈仓，取得胜利。本局红方先后弃兵、双车，让开红炮的进攻通道，最终以双炮取胜。

1. 兵三平四　将6进1
2. 车八进二　将6退1
3. 车八平四　将6进1
4. 车五进二　将6退1
5. 车五平四　将6进1
6. 后炮平四　（红胜）

第 243 局　祸生肘腋

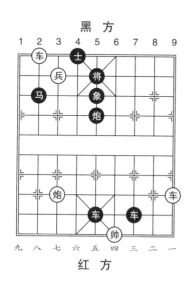

 赏析

　　肘腋，胳膊窝。祸生肘腋，比喻事变就发生在身边。本局红方先后弃兵、车，将黑方马、炮引入九宫，从而堵塞黑将的通路，最终以炮取胜。

1. 兵七平六　马2退4
2. 车一进六　将5退1
3. 炮七进七　士4进5
4. 炮七退一　士5退4
5. 车一平五　炮5退2
6. 炮七进一　（红胜）

第 244 局　苍舒称象

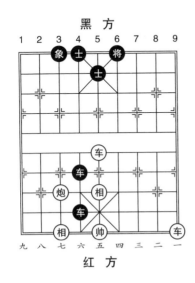

苍，通仓。三国时期，曹操之子曹冲，字仓舒。苍舒称象即曹冲称象。曹冲五六岁时，知识和判断力已超过成年人水平。有一次，孙权送来一头大象，曹操询问下属，都不能说出称象的办法。曹冲说："把大象放在大船上，在水面所达到的地方做记号，再让船装载其他东西，直到记号位置。称一下这些东西，就能知道了。"由此，利用等量替换的原理，称出了大象的重量。本局红方照将支相，将军

脱袍，最终以双车、炮取胜。

（一）

1. 车五平四　士5进6
2. 相五进三　（红胜）

（二）

1. 车五平四　士5进6
2. 相五进三　后车平5
3. 炮七平五　车5退4
4. 车四进一　车5平4
5. 车一进九　将6进1
6. 炮五进七　后车平3
7. 车一退一　将6退1
8. 炮五平七　士4进5
9. 相七进九　车3平5
10. 帅五平四　车5进6
11. 车一进一　将6进1
12. 炮七退一　士5进4
13. 车四进二　将6平5
14. 车四进一　将5进1
15. 车一退二　（红胜）

（三）

1. 车五平四　士5进6

2. 相五进三　后车退4
3. 炮七平四　前车进1
4. 帅五进一　后车平5
5. 车四平五　士6退5
6. 车五进三　车4平9
7. 车五平四　将6平5
8. 车四平七　象3进5
9. 炮四平九　将5平6
10. 相三退五　车9退7
11. 炮九进五　车9进6
12. 帅五退一　象5进7
13. 炮九进二　将6进1
14. 车七平三　车9退4
15. 炮九退一　士5进6
16. 车三进一　将6退1
17. 车三进一　将6进1
18. 车三平六　象7退5
19. 车六退一　将6退1
20. 车六退一　车9平5
21. 炮九退七　士6退5
22. 车六平八　象5进7
23. 炮九平五　车5平6
24. 炮五进七　（红胜）

（四）

1. 车五平四　士5进6
2. 相五进三　前车进1
3. 帅五进一　后车平5
4. 炮七平五　车4退7
5. 车一进九　将6进1
6. 车四进一　车5平4
7. 炮五平六　前车进1
8. 车一退一　将6退1
9. 车四平二　前车进1
10. 帅五退一　前车进1
11. 帅五进一　后车进6
12. 帅五进一　前车平5
13. 帅五平四　车4退1
14. 帅四退一　车5平3
15. 车二进四　（红胜）

注：变化（一）为原谱，至第2回合，相五进三，红胜。变化（二）～（四）为其中的三种演变，均为红胜。

第 245 局　困魏掣燕

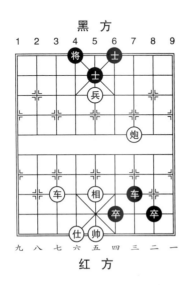

 赏析

1. 车七进七　将4进1
2. 车七退一　将4退1,
3. 相五进三　车7退2
4. 炮三进四　车7退5
5. 车七进一　将4进1
6. 兵五进一　士6进5
7. 车七平三　士5进4
8. 车三平七　卒8平7
9. 车七退一　将4退1
10. 车七平四　士4退5
11. 车四平五　卒7进1
12. 仕六进五　卒6平7
13. 车五平三　后卒平6
14. 车三退八　将4平5
15. 车三进六　卒6平5
16. 帅五平六　卒5平6
17. 车三平五　将5平6
18. 帅六平五　卒6进1
19. 帅五进一　将6进1
20. 车五平四　（红胜）

魏，魏国。燕，燕国。两国均是战国七雄之一。困，包围，围困。掣，拉，拽，牵制，控制。本局红方第3回合，相五进三，一着将军脱袍，解杀还杀。第4回合，炮三进四，借将军弃炮，将黑车引入底线。第6回合，兵五进一，进兵吃士照将，利用牵制的局面，吃黑方底车，形成车、仕必胜双卒、士的局面。

注：原谱至第7回合，车七平三，以下为象棋巫师软件演算。

第246局 伏虎降龙

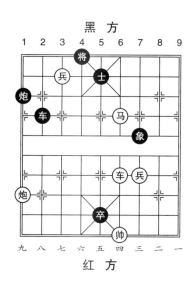

 **赏析**

伏，屈服。降，用武力使屈服。伏虎降龙用威力使猛虎和恶龙屈服，形容力量强大，能战胜一切敌人和困难。本局红方第3回合，车六进四，弃车砍炮，换得炮架。第5回合，炮六进三，困死黑车，黑方陷于困境，被迫走劣着。第6回合，兵三进一，待机渡河。当黑方边象受牵制，只得走卒5平4时，红方帅四平五。由此，红帅得以调整位置，进至第三横线的中路，以后的步骤是退炮士角，用红帅保护，然后运马追杀黑象，助兵渡河。最终以马、兵取胜。

（一）

1. 兵七进一　将4进1
2. 车四平六　炮1平4
3. 车六进四　士5进4
4. 炮九平六　车2平4
5. 炮六进三　象7退9
6. 兵三进一　卒5平4
7. 帅四平五　卒4平3
8. 帅五进一　卒3平2
9. 帅五进一　卒2平3
10. 炮六退三　车4进3
11. 马四进三　象9退7
12. 兵三进一　卒3平4
13. 兵三进一　象7进5
14. 马三退四　象5进3
15. 兵三进一　象3退1
16. 兵三进一　象1退3
17. 兵三平四　将4退1
18. 兵四平五　卒4平5
19. 马四进六　车4进1
20. 帅五平六　象3进5
21. 帅六平五　卒5平4
22. 马六进八　（红胜）

（二）

1. 兵七进一　将4进1
2. 车四平六　炮1平4
3. 车六进四　士5进4
4. 炮九平六　车2平4
5. 炮六进三　象7退9
6. 兵三进一　卒5平4
7. 帅四平五　象9退7
8. 兵三进一　象7退5
9. 兵三进一　卒4平3
10. 兵三进一　卒3平4
11. 兵三平四　车4进1
12. 马四退六　象5进3
13. 马六进七　卒4平3
14. 兵七平六　士4退5
15. 马七进五　卒3平4
16. 马五退四　将4退1
17. 兵四进一　象3退5
18. 兵四平五　象5退3
19. 马四退六　卒4进1
20. 帅五进一　象3进1
21. 马六进七　（红胜）

注：原谱至第6回合，炮六进三，红胜。此时，黑方车、士、将被红方马、炮、兵所困，只有走动卒或象。变化（一）为黑方不动9路象，用以防守红方三路兵，而走动5路卒时，红方的演变。变化（二）为黑方不动卒，而走动9路象时，红方三路兵乘机渡河的演变。

第 247 局　同心赞政

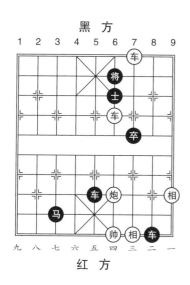

 赏析

赞，帮助，辅佐。政，治理国家事务。本局红方第2回合，车三平五，平车花心，献车，黑车回吃红车，自我阻塞将、士的通路，红方下一步，四路车平三，即构成闷杀取胜。

1. 车三退一　将6退1
2. 车三平五　车5退6
3. 车四平三　将6平5
4. 车三进三　（红胜）

第248局 开拓心胸

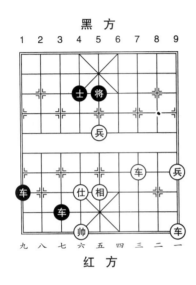

赏析

开拓，扩大，扩充。心胸，一个人的胸襟、气度。本局红方第5回合，

车一平五，藏车相后，暗伏闪开中相，闪将反杀的妙手。最终解杀还杀，妙手吃黑车取胜。

1. 兵五进一　将5退1
2. 兵五进一　将5平4
3. 兵五平六　将4进1
4. 车三平六　将4平5
5. 车一平五　车3退2
6. 相五退七　将5平6
7. 车六进四　将6退1
8. 相七进九　车3平2
9. 车六进一　将6退1
10. 车五进八　车2退6
11. 车五平四　将6平5
12. 车六平五　将5平4
13. 车四进一　（红胜）

第 249 局　雁阵排空

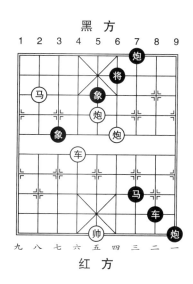

赏析

雁阵，成列而飞的雁群。排空，冲向天空，高升到天空中。本局红方第 3 回合，车六平四，弃车吸引，引黑将至红马可以攻击的位置，以便于连将，最终以重炮绝杀取胜。

（一）

1. 车六进四　将 6 退 1
2. 车六进一　将 6 进 1
3. 车六平四　将 6 退 1
4. 马八进六　将 6 进 1
5. 马六退四　将 6 进 1
6. 炮五平四　（红胜）

（二）

1. 车六进四　将 6 退 1
2. 车六进一　将 6 进 1
3. 炮五平四　将 6 平 5
4. 马八退六　（红胜）

注：变化（一）为原谱。变化（二）更加简洁、高效，但不如原谱走法精妙。

第 250 局　惊心破胆

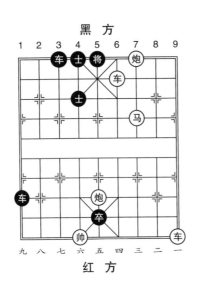

 赏析

惊心破胆，内心十分震惊、恐惧。本局红方第 2 回合，车四平五，弃车破黑中士，最终以车、马、炮取胜。

1. 马三进五　士 4 进 5
2. 车四平五　士 4 退 5
3. 马五进七　将 5 平 6
4. 车一平四　卒 5 平 6
5. 车四进一　士 5 进 6
6. 车四进六　（红胜）

第 251 局　诱虎吞钩

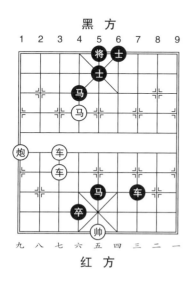

赏析

吞钩，吞下钓钩，比喻受骗上当。本局红方弃一车，以车、马、炮取胜。

（一）

1. 前车进五　马 4 退 3
2. 车七进六　士 5 退 4
3. 马六进四　将 5 进 1
4. 车七退一　将 5 进 1
5. 车七退一　将 5 退 1
6. 马四退六　将 5 退 1
7. 马六进七　将 5 进 1
8. 炮九进四　（红胜）

（二）

1. 前车进五　马 4 退 3
2. 马六进七　将 5 平 4
3. 车七平六　马 5 退 4
4. 车六进一　士 5 进 4
5. 车六进三　（红胜）

（三）

1. 前车进五　士 5 退 4
2. 马六进四　将 5 进 1
3. 前车退一　将 5 进 1
4. 炮九进三　马 4 进 3
5. 前车退一　将 5 进 1
6. 马四退六　马 3 退 4
7. 后车平五　将 5 平 6
8. 车七进一　士 6 进 5
9. 车五平四　（红胜）

注：变化（一）为原谱，第 3 回合，马六进七，将 5 进 1，炮九进四，可速胜。变化（二）更加简洁、高效。变化（三）为黑方选择最顽强的防守。谢侠逊评校版第 1 回合，黑方士 5 退 4。

第252局 二龙绕室

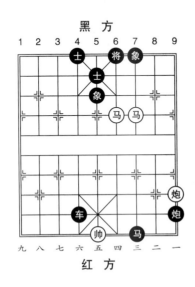

中国神话志怪小说集。本局红方以双马饮泉杀法,取胜。

(一)

1. 马三进二　将6平5
2. 马四进三　将5平6
3. 马三退二　将6平5
4. 炮一进七　士5退6
5. 后马进四　将5进1
6. 炮一退一　(红胜)

(二)

1. 马三进二　将6平5
2. 马四进三　将5平6
3. 马三退五　将6平5
4. 马五进三　将5平6
5. 马三退二　将6平5
6. 后马进四　(红胜)

赏析

传说,孔子诞生之夜,出现了二龙绕室而飞的祥瑞。东晋王嘉的《拾遗记》:故二龙绕室,五星降庭,征在贤明,知为神异。《拾遗记》,古代

第253局 毙马仆途

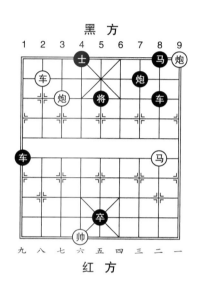

红方弃车,以炮取胜。

(一)

1. 马二进三　将5平6
2. 车八平四　马8进6
3. 炮一平四　(红胜)

(二)

1. 马二进三　将5平6
2. 马三退五　将6平5
3. 马五进六　(红胜)

赏析

仆,向前跌倒。途,道路。本局

第254局 历诛四寇

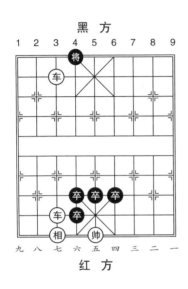

 赏析

历,逐一,逐个的。诛,杀戮,夺去性命。四寇,四大名著《水浒传》中的四大寇,山东宋江、淮西王庆、河北田虎、江南方腊,本局黑方四卒兵临城下,红车逐一破黑卒,取胜。

(一)

1. 前车进一　将4进1
2. 后车进七　将4进1
3. 前车平六　将4平5
4. 车六平五　将5平4
5. 车七退七　前卒平3
6. 相七进五　卒4平5
7. 车五平七　卒3平2
8. 车七平六　将4平5
9. 车六退八　(红胜)

(二)

1. 前车进一　将4进1
2. 后车进七　将4进1
3. 前车平六　将4平5
4. 车六平五　将5平4
5. 车七退七　前卒平3
6. 相七进五　卒4平5
7. 车五平七　卒3平2
8. 车七平六　将4平5
9. 车六退八　卒2进1
10. 车六平七　将5退1
11. 帅五平六　卒5平4
12. 车七进二　卒6平5
13. 车七平五　将5平6
14. 帅六平五　卒2平3
15. 车五平四　将6平5
16. 帅五平四　卒3平4

17. 车四平五　将5平4
　　（和局）

（三）

1. 前车进一　将4进1
2. 后车进七　将4进1
3. 前车平六　将4平5
4. 车六平五　将5平4
5. 车七退七　前卒平3
6. 相七进五　卒4平5
7. 车五平七　卒3平2
8. 车七平六　将4平5
9. 帅五平六　卒2平3
10. 车六平七　卒3平2
11. 车七平五　将5平6
12. 帅六平五　将6退1
13. 车五退三　卒2平3
14. 车五平四　将6平5
15. 车四退四　卒5进1
16. 帅五平四　卒3平4
17. 车四平五　将5平4
18. 车五进五　将4退1
19. 车五进一　卒4平3
20. 车五退七　卒4平3
21. 车五进四　卒3平4
22. 帅四进一　将4进1
23. 帅四平五　将4进1
24. 车五平六　（红胜）

（四）

1. 前车进一　将4进1
2. 后车进七　将4进1
3. 前车平六　将4平5
4. 车六平五　将5平4
5. 车七退七　前卒平3
6. 相七进五　卒4平5
7. 车五平七　卒3平2
8. 车七平六　将4平5
9. 帅五平六　卒2进1
10. 车六平五　将5平6
11. 帅六平五　卒2平3
12. 车五平七　卒3平2
13. 车七平四　将6平5
14. 车四退七　卒5进1
15. 帅五平四　将5退1
16. 车四平五　将5平4
17. 车五退一　卒2平3
18. 车五进三　将4进1
19. 帅四进一　将4退1
20. 帅四平五　卒3平4
21. 车五平六　（红胜）

注：变化（一）为原谱，至第9回合，车六退八，红胜，有误，参见变化（二）。变化（二）为第9回合，黑方选择最佳的变化，卒2进1，和局。变化（三）～（四）为第9回合，红方改走帅五平六的两种变化，均为红胜。

第 255 局　车行同轨

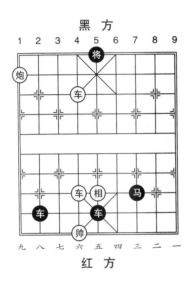

 赏析

同轨，车辙宽度相同，现引申为同一、一统。本局红方第 3 回合，后车平八，献车换得炮架，取胜。

（一）

1. 前车进二　将5进1
2. 后车进六　将5进1
3. 后车平八　车2退7
4. 车六退二　（红胜）

（二）

1. 前车进二　将5进1
2. 后车进六　将5进1
3. 后车平八　车5退1
4. 帅六平五　车2退7
5. 车六平五　车2平5
6. 车五平三　将5平4
7. 车三退七　车5进5
8. 车三平四　车5退2
9. 炮九退八　车5平4
10. 相五退七　车4平5
11. 帅五平四　车5进2
12. 炮九进二　车5退2
13. 炮九平五　车5进2
14. 车四进二　车5平4
15. 车四平五　（红胜）

（三）

1. 前车进二　将5进1
2. 后车进六　将5进1
3. 后车平八　车5进1
4. 帅六平五　车2退7
5. 车六平五　车2平5
6. 车五平三　车5平6
7. 车三退七　车6进2
8. 炮九退七　车6平4

9. 车三进一　将5平4
10. 相五退三　（红胜）

注：原谱至第 3 回合，后车平八，红

胜。现分别演绎黑方的三种变化。变化（一）更加简洁、高效。变化（二）～（三）为红方先后占据中路，形成车、炮海底捞月必胜单车的局面。

第 256 局　挡住英雄

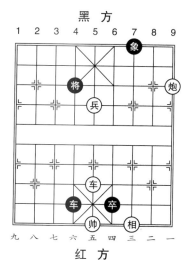

3 回合，炮一平六，阻挡黑车与黑将的联系，属于解杀还杀的妙手，最终以炮遮黑将面，取胜。

1. 兵五进一　将4退1
2. 兵五进一　将4退1
3. 炮一平六　象7进5
4. 车五进五　卒6平7
5. 兵五平四　卒7平6
6. 车五进二　将4进1
7. 兵四平五　将4进1
8. 车五平六　（红胜）

 赏析

挡住，阻挡，遮蔽。本局红方第

第257局 独夫当关

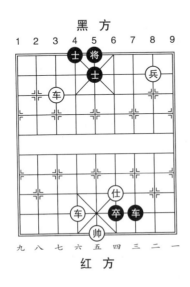

 赏析

独,单一,只有一个。当关,守卫关口。唐朝李白的《蜀道难》:一夫当关,万夫莫开。本局红方兑车后,以红兵困毙黑将。符合局名"独夫当关"。

1. 车六平四　车7平6
2. 车七平三　车6退1
3. 车三进二　车6退7
4. 兵二平三　车6平7
5. 兵三进一　(红胜)

第 258 局　阴持两端

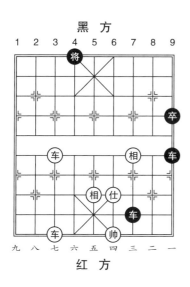

 赏析

阴，暗中，暗地里。持，拿着，握住。两端，指游移于两者之间的态度。本局红方第 2 回合，车七平五，车平中，暗伏闪开中相，解杀还杀，取胜。

1. 前车平六　将 4 平 5
2. 车七平五　车 9 进 4
3. 相五退三　将 5 平 6
4. 车六平四　（红胜）

第259局 直造竹所

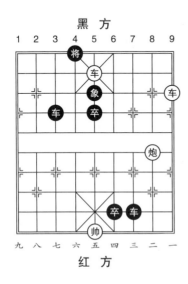

 赏析

造，拜访尊贵者。竹所，在竹林中建造的房舍，比喻幽静的住所。本局红方弃车，炮立中，以黑中卒作为炮架，取胜。

1. 车五进一　将4平5
2. 车一平五　将5平4
3. 车五平六　将4平5
4. 炮二平五　将5平6
5. 车六平四　（红胜）

第 260 局　金创满身

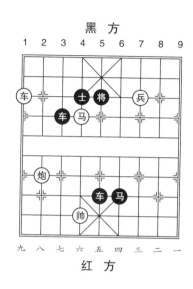

 赏析

金创，金属利器对人体所造成的创伤。满身，遍身，浑身上下。本局红方第 2 回合，车六平五，弃车平中，取胜。

（一）

1. 车九平六　将5退1
2. 车六平五　将5平4
3. 炮八平六　（红胜）

（二）

1. 车九平六　将5退1
2. 车六平五　将5进1
3. 兵三平四　将5平4
4. 炮八平六　（红胜）

第261局　不服自老

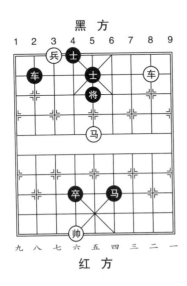

 赏析

不服，不甘心，不承认。自老，自然衰老，也有告老还乡的意思。唐朝拾得的《无题》诗之二：山水不移人自老，见却多少后生人。本局红方巧用底兵，以老兵搜山杀法，取胜。

（一）

1. 车二退一　士5进6
2. 马五进七　将5退1
3. 车二进一　将5退1
4. 兵七平六　将5平4
5. 车二进一　（红胜）

（二）

1. 车二退一　士5进6
2. 马五进七　将5退1
3. 车二进一　将5退1
4. 兵七平六　将5平6
5. 马七进五　士6退5
6. 车二进一　将6进1
7. 马五退三　将6进1
8. 车二退二　（红胜）

（三）

1. 车二退一　士5进6
2. 马五进七　将5退1
3. 车二进一　将5退1
4. 兵七平六　将5平6
5. 马七进五　车2平5
6. 兵六平五　将6平5
7. 车二进一　（红胜）

第 262 局　增补隘口

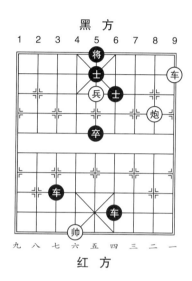

 赏析

增补，增加、补充。隘口，险要的关隘。本局红方弃兵引将，将黑将引入上二路，最终以车、炮取胜。

1. 车一进一　士5退6
2. 炮二进三　士6进5
3. 炮二退六　士5退6
4. 兵五进一　将5进1
5. 炮二平五　将5平6
6. 车一退一　（红胜）

第 263 局　跃鲤吞饵

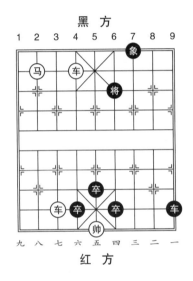

跃鲤，讲述了东汉姜诗夫妇的孝行，感天动地，其庭院中喷涌出泉水，口味与长江水相同，每天还有两条鲤鱼跃出。饵，钓鱼用的饵食。本局红方弃一车，以车、马取胜。

1. 车七进六　象7进5
2. 车七平五　将6平5
3. 马八退七　将5平6
4. 马七退五　将6平5
5. 马五进三　将5平6
6. 车六平四　（红胜）

 **赏析**

跃鲤，二十四孝中的故事，涌泉

第 264 局　巅峰得路

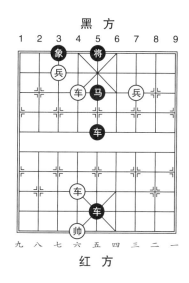

 赏析

巅峰，顶峰。得路，仕途得志，当道、当权。本局红方弃一车，以车、双兵取胜。

1. 前车平五　后车退2
2. 车六进七　将5进1
3. 兵七平六　将5平6
4. 兵三进一　将6进1
5. 车六平四　（红胜）

第 265 局　入穴取虎

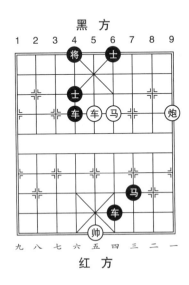

赏析

入穴取虎，《后汉书·班超传》：不入虎穴，焉得虎子。比喻不经历艰险，就不能取得功绩。本局红方弃车，以马后炮取胜。

1. 车五进三　将4进1
2. 车五平六　将4退1
3. 炮一平六　士4退5
4. 马四进六　（红胜）

第 266 局　脱网逢钩（乙）

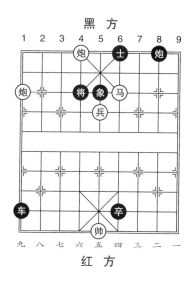

 赏析

脱网，漏网，逃脱。逢，遇到。钩，鱼钩。脱网逢钩，可谓祸不单行。本局红方弃双炮，以马、兵取胜。

1. 兵五进一　将4退1
2. 兵五进一　将4进1
3. 马四进六　炮8平4
4. 马六退八　车1退6
5. 马八退七　（红胜）

注：本局与第226局同名。

第 267 局　直追到底

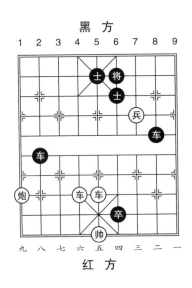

 赏析

直，径直，一直。追，赶，紧跟着。本局红方弃双车，最终炮、兵以送佛归殿杀法，取胜。

1. 车五进六　士6退5
2. 车六平四　士5进6
3. 车四进五　将6进1
4. 兵三平四　将6退1
5. 炮九平四　车2平6
6. 兵四进一　将6退1
7. 兵四进一　（红胜）

第 268 局　投躯帝庭

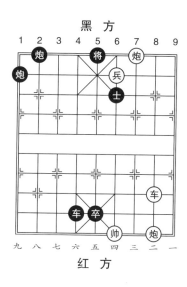

赏析

投躯，舍身，献身。帝庭，宫廷，朝廷。本局红方弃车，以重炮杀取胜。

（一）

1. 车二平五　将5平4
2. 车五进七　将4进1
3. 炮二进八　士6退5
4. 兵四平五　将4进1
5. 车五平六　将4平5
6. 车六退八　卒5平4
7. 炮二平九　将5退1
8. 帅四进一　（红胜）

（二）

1. 车二平五　将5平4
2. 车五进七　将4进1
3. 炮二进八　士6退5
4. 车五平六　将4退1
5. 兵四进一　（红胜）

（三）

1. 车二平五　将5平4
2. 车五进七　将4进1
3. 炮二进八　将4进1
4. 车五退二　将4平5
5. 炮三退二　士6退5
6. 炮二退一　（红胜）

注：变化（一）为原谱，红胜，有误，因双炮无法取胜炮、卒，应为和局。变化（二）为第4回合，红方选择最佳的变化，车五平六，更加简洁、高效。变化（三）为第3回合，黑方选择最顽强的防守，将4进1。

第 269 局　杨香跨虎

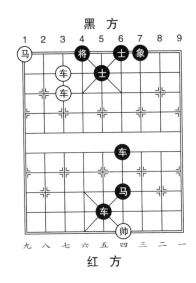

杨香跨虎，是二十四孝中的故事，又名扼虎救父。杨香，晋朝人，14岁时，随父亲到田间割稻，忽然跑来一只猛虎，把父亲扑倒叼走，杨香手无寸铁，为救父亲，全然不顾自己的安危，急忙跨上猛虎，扼住猛虎的咽喉，猛虎终于放下父亲跑掉了。本局红方弃一车，以车、马取胜。

1. 前车进一　将4进1
2. 后车进一　将4进1
3. 后车平六　将4退1
4. 马九退八　将4进1
5. 车七退二　将4退1
6. 车七退二　将4进1
7. 马八进七　将4平5
8. 车七进二　士5进4
9. 车七平六　（红胜）

第 270 局 吐胆倾心

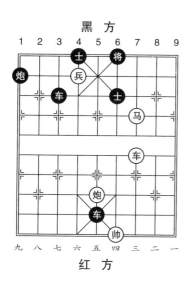

 赏析

倾，倒出。吐胆倾心，将埋藏在心底的话全部讲出来，比喻痛快地说出心里话。本局红方第1回合，马三进五，弃子腾挪，让开车路。第3回合，兵六平五，弃兵堵塞将路。最终以车、炮取胜。

1. 马三进五　车3平5
2. 车三进五　将6进1
3. 兵六平五　后车退1
4. 炮五平四　（红胜）

第271局 赤心报国

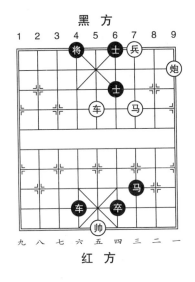

忠心。报国，为国家效劳。赤心报国，旧指为帝王尽忠效劳，现指赤胆忠心，为国效力。本局红方弃车，最终以马、炮取胜。

1. 车五进三　将4进1
2. 马三进四　士6进5
3. 车五退一　士6退5
4. 马四退五　将4退1
5. 炮一进一　士5退6
6. 兵三平四　（红胜）

赤，火红色，比喻纯真。赤心，

第272局 舍命如归

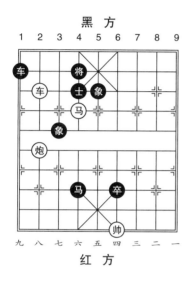

 赏析

舍命，拼命。如归，像回到自己家里一样。本局红方车破士，最终以马、炮取胜。

（一）

1. 车八平六　将4平5
2. 车六进一　将5平4
3. 炮八平六　（红胜）

（二）

1. 车八平六　将4平5
2. 车六进一　将5退1
3. 马六进四　将5平6
4. 炮八平四　（红胜）

第 273 局 辎重塞途

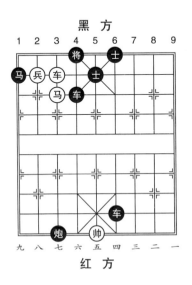

赏析

辎重，古代军事用语，表示运输部队携带的军械、粮草、被服等物资。塞途，堵塞道路，形容人多拥挤。本局红方弃车，运用堵塞战术，最终以马、兵取胜。

1. 车七进一　将4进1
2. 车七平六　士5退4
3. 马七进八　炮3退9
4. 兵八平七　（红胜）

第 274 局　打草惊蛇

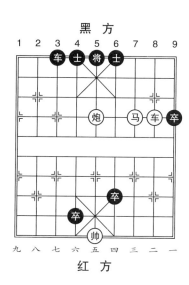

 **赏析**

打草惊蛇，是 36 计之一，指敌方的兵力没有暴露，切不可轻敌冒进，应当查清敌方主力配置、运动状况再说。本局红方炮打边卒，再将军抽车取胜。

（一）

1. 马三进五　士4进5
2. 马五进七　将5平4
3. 炮五平一　车3进1
4. 炮一进三　将4进1
5. 炮一退一　士5进4
6. 炮一平七　士6进5
7. 车二平六　（红胜）

（二）

1. 马三进五　士4进5
2. 马五进七　将5平4
3. 炮五平一　车3进1
4. 炮一进三　将4进1
5. 炮一退一　士5进4
6. 车二进二　士4退5
7. 车二退七　士5进4
8. 炮一平七　（红胜）

（三）

1. 马三进五　士4进5
2. 马五进七　将5平4
3. 炮五平一　车3进1
4. 炮一进三　将4进1
5. 炮一退一　士5进4
6. 炮一平七　卒6进1
7. 车二平五　将4退1
8. 炮七平九　将4进1
9. 炮九退五　（红胜）

注：变化（一）为原谱。变化（二）不但将军抽车，而且红车捉死黑4路卒，走法更加积极。变化（三）为谢侠逊评校版。

第 275 局　路车乘马

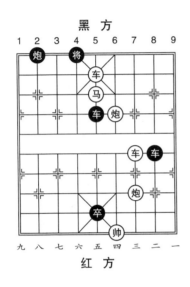

 **赏析**

路车，古代天子或诸侯贵族所乘的车。乘马，驾马，用马驾车。本局红方弃中马，以重炮杀取胜。

1. 车五平六　　将4进1
2. 车三进四　　将4进1
3. 炮四进一　　将4平5
4. 炮三进五　　（红胜）

第 276 局　双骑追敌

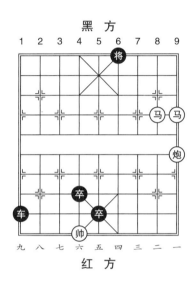

 赏析

骑，骑兵。本局红方双马与炮联攻，黑将应对至关重要，胜负只在一瞬间。

（一）

1. 马一进二　将6平5
2. 后马进三　将5平4
3. 马三退五　将4进1
4. 马二进四　将4平5
5. 马四退三　将5平6
6. 马五进六　将6进1
7. 炮一进三　（红胜）

（二）

1. 马一进二　将6平5
2. 后马进三　将5进1
3. 马三退四　将5退1
4. 马四进六　将5进1
5. 马六进七　将5退1
6. 马二退四　将5平4

（黑胜）

注：变化（一）为原谱，红胜，有误，参见变化（二）。变化（二）为第2回合，黑方选择最佳的防守，将5进1，黑胜。如在原图红方八·八位加兵，则可维持原谱的着法。

第 277 局　异地同心

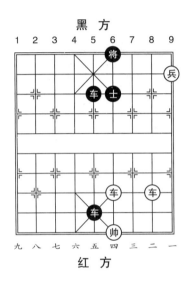

 **赏析**

异地，异处，在不同的地方。同心，齐心，共同的心愿，心思相同。本局红方先车占花心，兑车解杀还杀，而后再兑一车，以兵取胜。

（一）

1. 车二进七　将6进1
2. 车二退一　将6退1
3. 车二平五　后车退1
4. 车四进五　后车平6
5. 车四进一　将6平5
6. 兵一平二　车5退2
7. 兵二平三　车5退1
8. 车四进一　将5进1
9. 兵三平四　将5平4
10. 车四平七　车5退1
11. 车七退五　将4进1
12. 车七平四　车5退1
13. 兵四平五　将4平5
14. 兵五平六　将5平4
15. 车四进四　车5进1
16. 车四平五　车5退2
17. 帅四进一　车5平9
18. 帅四平五　车9平7
19. 兵六平七　车7平8
20. 车五平六　（红胜）

（二）

1. 车二进七　将6进1
2. 车二退一　将6退1
3. 车二平五　后车退1
4. 车四进五　后车平6
5. 车四进一　将6平5
6. 兵一平二　车5退2
7. 兵二平三　车5退1
8. 车四进一　将5进1

9. 兵三平四　　将5平4
10. 车四平七　　车5退1
11. 车七退一　　将4进1
12. 车七平五　　（红胜）

注：变化（一）为原谱。变化（二）为第11回合，红方选择最佳的变化，车七退一，更加简洁、高效，兑车后，红方以一兵取胜。

第278局　火炎昆冈

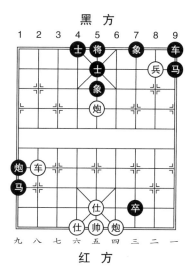

赏析

火炎昆冈，指像火烧山林，玉石都被焚烧。本局红方炮进底线士角，一举获胜。

（一）

1. 炮四进九　　将5平6
2. 车八平四　　将6平5
3. 帅五平四　　卒7进1
4. 帅四进一　　马9进8
5. 车四进六　　（红胜）

（二）

1. 炮四进九　　马1进3
2. 帅五平四　　炮1进3
3. 车八退三　　马9进8
4. 炮四平一　　（红胜）

注：原谱只有1个回合，炮四进九，红胜。现详尽地补充两种变化。

第 279 局　将机就机

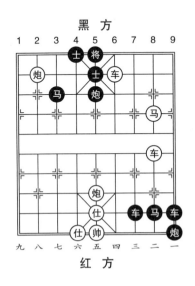

 赏析

将机就机，利用随便的机会。本局红方马卧槽，四路车解杀还杀，取胜。

1. 马二进三　　车 7 进 1
2. 车四退八　　车 7 退 8
3. 车四进九　　将 5 平 6
4. 车二进五　　车 7 退 1
5. 车二平三　　（红胜）

第 280 局　诳楚救主

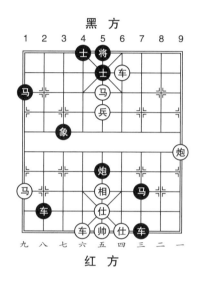

 **赏析**

诳，欺骗，瞒哄。楚，楚国。救主，拯救主人于危难之中。诳楚救主，即张仪诳楚。张仪，战国时期，秦国国相，欺骗楚王，秦国愿意献商於六百里土地给楚国，使楚国与齐国绝交。而后称是六里之地，出尔反尔，但此时，楚国已与齐国绝交，楚王追悔莫及。本局红方先弃右车，以马后炮取胜。

1. 车四进一　将5平6
2. 车六进九　将6进1
3. 马五退三　将6进1
4. 马三进二　将6退1
5. 炮一进四　（红胜）

第281局　前后一辙

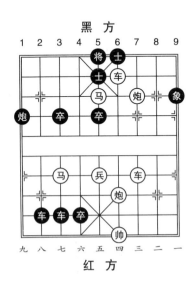

2. 帅四进一　卒4平5
3. 帅四进一　车2退1
4. 后炮平八　车3退3
5. 帅四平五　前卒平4
6. 帅五平六　车3平4
7. 帅六平五　车4平3
8. 帅五平六　（红胜）

（三）

1. 炮四平三　将5平4
2. 车四进一　将4进1
3. 马五退七　将4进1
4. 车四退二　（红胜）

（四）

1. 炮四平三　士5进4
2. 前炮进二　象9退7
3. 炮三进七　士6进5
4. 车四进一　（红胜）

 **赏析**

前后，指自前到后的经过、历程。一辙，同一车轮碾出的痕迹，比喻趋向相同。本局红方用双杯献酒杀法，符合局名"前后一辙"。

（一）

1. 炮四平三　（红胜）

（二）

1. 炮四平三　车3进1

（五）

1. 炮四平三　士5进6
2. 前炮进二　士6进5
3. 前炮平二　将5平4
4. 车三进六　将4进1

5. 马五退七　将4进1
6. 炮二退二　（红胜）

（六）

1. 炮四平三　卒4平5
2. 前炮进二　象9退7
3. 炮三进七　（红胜）

注：变化（一）为原谱，仅有第1回合，炮四平三，红胜。变化（二）～（六）为黑方选择的不同变化，红胜。

第282局　一举而定

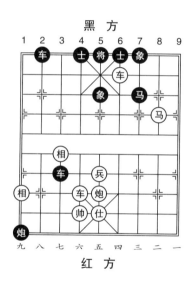

局红方仕角车进六，一举奠定胜局。

1. 车六进六　车3进1
2. 车六平八　车2进1
3. 车四平八　士6进5
4. 马二进三　将5平6
5. 车八退二　马7进8
6. 炮五平四　（红胜）

注：至此，黑方必丢子告负。

赏析

举，言行，举动。定，奠定。本

第283局　肉袒负荆

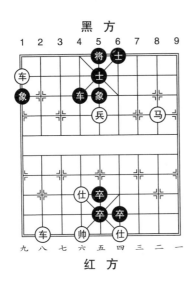

赏析

肉袒，光着身子。负荆，背负荆条。肉袒负荆，赤裸上身，背着荆条请罪，愿受责罚。西汉司马迁的《史记·廉颇蔺相如列传》："廉颇闻之，肉袒负荆，因宾客至蔺相如门谢罪，曰：'鄙贱之人，不知将军宽之至此也'。"本局红方车平肋道，取胜。

（一）

1. 车九平六　车4进5
2. 车六退六　后卒平4
3. 仕四进五　卒6平5
4. 车八进一　卒4进1
5. 车八平六　卒5平4
6. 帅六进一　士5进4
7. 马二进三　将5进1
8. 兵五进一　将5平6
9. 兵五平六　士6进5
10. 兵六进一　象1退3
11. 马三退四　士5退6
12. 马四进六　将6进1
13. 帅六平五　象3进1
14. 帅五进一　象1退3
15. 马六退八　将6退1
16. 马八退七　象3进1
17. 马七进五　象1退3
18. 马五进三　将6进1
19. 马三进五　将6退1
20. 马五进七　将6退1
21. 兵六进一　将6退1
22. 兵六平七　士6进5
23. 马七退六　士5进4
24. 兵七平六　将6进1
25. 兵六平五　将6退1
26. 帅五退一　士4退5
27. 马六进五　将6退1
28. 马五退六　将6退1

29. 帅五进一 （红胜）

（二）

1. 车九平六　车4退1
2. 马二进三　将5平4

3. 车八进九　象1退3
4. 车八平七 （红胜）

注：原谱只有第1回合，车九平六，红胜。变化（一）为黑方选择最顽强的防守。变化（二）为谢侠逊评校版，更加简洁、高效。

第284局　一骑困魏

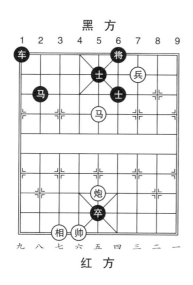

赏析

骑，骑兵。一骑困魏，历史上有名的典故当属《三国演义》第42回，张翼德大闹长坂坡的章节中，曹军追杀赵云到长坂桥边，只见张飞手绰长矛，立马桥上。大喝说："我乃燕人

张翼德也。谁敢与我决一死战？"声如巨雷，曹将夏侯杰当场惊得肝胆碎裂，曹军被吓到望西奔走。本局红方马奔入对方肋道，取胜。

（一）

1. 马五进六　马2退4
2. 兵三平四　将6进1
3. 炮五平四 （红胜）

（二）

1. 兵三平四　将6平5
2. 兵四进一　将5平6
3. 马五进三　将6进1
4. 炮五平四 （红胜）

注：变化（一）为原谱，原谱仅有第1回合，马五进六，红胜。现补上余下的回合。变化（二）为谢侠逊评校版。

第 285 局　野马诱虎

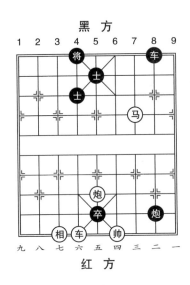

🌥 （一）🌥

1. 马三进四　卒 5 平 4
2. 车六进一　车 8 进 2
3. 马四退二　炮 8 退 5
4. 马二进四　炮 8 平 4
5. 车六平七　炮 4 平 3
6. 车七进五　将 4 进 1
7. 炮五平六　（红胜）

🌥 （二）🌥

1. 马三进四　车 8 平 6
2. 车六进七　（红胜）

赏析

野，非家养的，野生的。诱，引诱。本局红方马奔入黑方肋道，捉车控将，取胜。

注：原谱仅有第 1 回合，马三进四，红胜。现补上余下的回合。变化（一）为黑方选择最顽强的防守。变化（二）为谢侠逊评校版，更加简洁、高效。